江苏水文化丛书

水利名贤

WATER AND CELEBRITY

水文化丛书编委会 编

河海大学出版社
HOHAI UNIVERSITY PRESS

图书在版编目（CIP）数据

水利名贤/水文化丛书编委会编. -- 南京：河海大学出版社，2018.7
ISBN 978-7-5630-5294-3

Ⅰ.①水… Ⅱ.①水… Ⅲ.①水利工程—人物—列传—江苏 Ⅳ.① K826.16

中国版本图书馆 CIP 数据核字（2017）第 331460 号

书　　名	水利名贤
书　　号	ISBN 978-7-5630-5294-3
责任编辑	江　娜
封面设计	杭永红
出版发行	河海大学出版社
网　　址	http://www.hhup.com
地　　址	南京西康路 1 号（邮编：210098）
电　　话	（025）83737852（总编室）　（025）83722833（营销部）
排　　版	南京布克文化发展有限公司
印　　刷	南京新洲印刷有限公司
开　　本	787 毫米 ×1092 毫米　1/16
印　　张	11
字　　数	170 千字
版　　次	2018 年 7 月第 1 版
印　　次	2018 年 7 月第 1 次印刷
定　　价	76.00 元

范仲淹

宋天禧五年（1021年），范仲淹到泰州任西溪镇盐仓监官。他将治水与治田相结合，认真研究江南的圩田古制，结合自己的治水经验，倡导"修围、浚河、置闸，三者如鼎足，缺一不可"的治水实践，通过设闸、筑圩等措施，妥善解决了蓄水与泄水、挡潮与排涝的关系，从而保障了太湖周围苏州、常州等城市的农业生产。

潘季驯

潘季驯是明代著名的治河专家，素有"千古治黄第一人"之誉，在清理河道泥沙方面有卓著贡献。在实践中，潘季驯发现：当河水穿越相对狭窄的河道奔流时，就会出现大浪淘沙的现象。他提出"以堤束水，束水攻沙，挽流归槽"的治水思路。"缕堤束水"就是建较窄的缕堤将河水束成一股急流，利用湍急的河水裹挟泥沙奔腾向前，沙随水走，不致沉淀。湍急的流水还可以冲刷河床，水流越急，河床冲得越深，容水的能力就越大。

靳　辅

汉军镶黄旗人,是清代著名治河大臣。从康熙十六年至康熙二十六年（1677—1687年）间连续十年任河道总督,主持治理黄河、淮河、运河。他提出"治河之道,必当审其全局,将河道运道视为一体,彻头彻尾而合治之"的方略,连续向康熙皇帝上奏疏八个,系统提出了治理黄河、淮河、运河的全面规划并陆续实施。

高 斌

　　高斌曾任江南河道总督，他通过建闸坝解决了洪泽湖泄洪水患，取得了黄河安澜、淮水顺畅出清口、运河通畅、漕运无阻等方面的治河成绩，被授予大学士。他的侄子高晋也继承了高斌的事业，成为江南河道总督。

张　謇

张謇是我国传统水利向近代水利变革中的关键人物。他改变了我国传统社会人人皆可言治水的历史，将传统水利转变为通过专门水利管理机构和水利专家进行科学治水的近代水利。

《江苏水文化丛书》编委会

主　　编：张劲松

副 主 编：陈　锋　黄海田　于　涛

　　　　　曹海明（执行）　吴卿凤

本册撰稿：干有成　孙文昀

编写组成员：戴甫青　尹子茜　曹　瑛

　　　　　　金妍秋　夏　晶　姚吟月

《江苏水文化丛书》总序

水是江苏最鲜明的符号。江苏境内河网纵横、湖泊众多，既有长江、淮河横贯东西，全国五大淡水湖占有其二（太湖、洪泽湖），又有人工开凿的京杭大运河沟通南北，还有近千公里的海岸线。水孕育了江苏文明，描摹出了这方水土的物埠民丰、文脉悠长，因此江苏的地域文化首先就是水文化。江苏先民在推动社会发展的历史进程中，在用水、治水、管水活动中创造了灿烂的文明，积淀了丰富的优秀水文化。从大禹治理太湖的"三江既入，震泽底定"，到吴王夫差开挖邗沟"沟通江淮"；从中国南北交通大动脉大运河的开通，到明清为保漕粮北运而不断治理的清口、洪泽湖；从民国的"导淮"，再到中华人民共和国成立后兴起的数次治水高潮……江苏悠久的历史里，交织着治水人物、治水理念、治水制度的变化与变迁，这些物质和精神的凝结，形成了江苏独特的水文化遗产。

文化兴国运兴，文化强民族强。党的十九大报告中提出坚定文化自信，推动社会主义文化繁荣兴盛的伟大号召。以水利文化为主干的水文化是中国特色社会主义文化繁荣发展中的重要组成部分。在国务院召开的冬春农田水利基本建设电视电话会议上，明确指出"要加强水文化建设"；江苏省政府出台的《江苏生态河湖行动计划（2017—2020年）》将水文化建设列为重点任务。基于此，江苏省水利厅组织编写了《江苏水文化丛书》。

在江苏优秀传统水文化遗产中，有丰富的工程类水文化遗产，如运河、陂塘、堤坝圩堰、水关涵闸、水文站等，又有桥梁、码头、渡口、井泉等与水有关的生活设施类遗，以及水利管理建筑、祭祀纪念类建筑、水文化碑刻等。有历代修筑增高以控制水位的"水上长城"——洪泽湖大堤；有大运河沿线工程设施最多、投入最大，兼具蓄清、刷黄、济运、保航多种功用的综合性水利枢纽——清口水利枢纽；还有北起阜宁、南到启东，防止海水倒灌的范公堤，以及运河、黄河沿线的御笔碑刻、镇水铁犀等，这些都记录了历代治水的艰辛与不易，也为后世水利史研究提供了宝贵的资料。在水工遗址背后，是铭记在时间洪流里的一位位治水名贤和他们的治水思想：有提出"束水攻沙""千古治黄第一人"的潘季驯；有系统筹划治理黄、淮、运并陆续实施的清代河道总督靳辅；还有"修围、浚河、置闸"的范仲淹等，他们或亲自规划实施了河湖工程，或提出了水利科学管理的机制办法，其智慧的治水理念，至今仍有可借鉴之处。此外还有大量与水有关的诗词、音乐、绘画等。

《江苏水文化丛书》第一辑包括《水利瑰宝》《水利名贤》《水与诗词》三本。全书全彩印刷，图文并茂，用通俗易懂的语言，在全省部分水文化遗产（典籍）整理的基础上进行了解读阐释，讲述江苏水故事，传承优秀传统水文化，既可作为行业内人士了解古代优秀治水理念科技的参考，亦可作为全民普及水知识的读本，对展示江苏治水历程，弘扬水文化有着积极意义。

山中江上总关情。亲水护水，必先知水爱水，唤起人们对江河水脉的乡愁记忆。作为全省范围内首套水文化解读专著，丛书的出版是我省水文化事业的一次良好探索与尝试。希望该书的面世，能够带动江苏水文化发展，在此基础上，将水文化建设融入水利工作的各个方面，开展形式多样、内容丰富的水文化活动，让江苏悠久的水历史与灿烂的水文化深入人心，努力实现河通水畅、江淮安澜，水清岸绿、生物多样，人水和谐、景美文昌的建设目标。

是为序。

绪　　言

　　水，是江苏文明孕育的源泉，水文化是江苏文化最鲜明的特质。江苏境内多水，有长江、淮河、大运河、太湖、洪泽湖等河湖水系，平原地区水网密布，自古就有"水治好了就是鱼米之乡，治不好就是多灾之邦"的共识。治水，一直以来就是江苏经济社会发展的主命脉和基本设施。

　　从远古时代开始，江苏人就善于用水、治水、管水。在江苏草鞋山遗址发现的距今六千多年的水稻田遗址，有水田灌溉的遗迹，说明当时的江苏先人已经学会了开发水田，以水生利。进入文明时期后，江苏人经历了漫长而艰苦的治水过程，其间涌现出许多杰出的水利名贤，他们的水利智慧、治水成就和坚韧的治水精神，是留给后人的重要遗产，是当代弘扬水文化的核心内涵。

　　中国水文化史上最著名的治水名人当属大禹。大禹治水，疏九江，决四渎，在地域上就已经包含了今天的江苏。大禹改堵为疏的治水思路，充分体现了天人合一、人水相谐的理想追求。大禹历经艰险、百折不回的治水精神是中华民族重要的精神财富和文化象征。继大禹之后，先秦时期的江苏境内先后涌现出吴泰伯开伯渎港、伍子胥凿胥河、春申君黄歇治理芙蓉湖等水利名人和事迹，他们的治水、用水活动，改善了当地的农业发展条件，大大促进了地域文明进程。

　　到了汉代和六朝时期，江苏境内水利建设的重点，逐渐从江南地区延伸到江淮地区。如西汉的吴王刘濞开茱萸沟，即后来的通扬运河；东汉的张禹、马棱、邓艾等人，在江淮地区开发了蒲阳陂、广陵陂、白水陂等人工筑堰形成的水库，灌溉了大片良田。东汉末年三国时期，孙权重点建设了江南的水利设施和运河，奠定了成就六朝都城南京千年辉煌的水利基础。曹魏政权的陈登则在淮扬一带开邗沟西道，筑捍淮堰等，其中他修筑的捍淮堰，也就是高家堰，奠定了后来洪泽湖大堤的基础。

隋唐五代时期，随着北方人口大批南移，带来了江淮下游及江南地区的快速开发，江苏境内的水利建设也逐步兴盛起来。其一，隋炀帝杨广为了发展漕运，开通了南北大运河，影响了此后千余年江苏水利发展的格局。其二，在江淮地区东部的沿海出现了抵挡海潮的捍海堰。其三，此时太湖地区水利开发逐步成熟，娄江、吴淞江等入海水的治理不断推进，涌现出了于頔、王仲舒、李素等治水名人。

宋元时期，江苏境内水灾频繁，特别是南宋建炎二年（1128年）黄河改道夺泗夺淮入海，致使苏北地区水系紊乱，水灾更为频繁、严重，治水成为当时治国安邦的头等大事。这一时期，在与水患斗争的过程中也涌现出了不少水利专家，如苏轼、范仲淹、王安石、沈括、任建中、沈起、单锷、嵇安等。宋代的范仲淹修筑了北自大团南至富安的捍海堤，人称"范公堤"；乔维岳发明了世界上最早的船闸，大大提升了运河漕运的效率和安全性；通州通判任建中在州城西北修筑了南通第一条江堤；苏轼在黄河水患时，带领徐州百姓在城外修筑了护城黄河大堤，保护了城市的安全，并修建黄楼进行纪念；苏州的郏亶、郏侨父子则致力于太湖入海水道的治理理论和实践，成为吴中水利的先驱；等等。他们不断总结和推广劳动人民的经验与创造，做出了巨大的功绩，为后人所怀念。

明代初年，朱元璋定都南京。为了建立以南京为核心的漕运体系，他派崇山侯李新开凿了沟通水阳江水系和秦淮河水系的胭脂河，在胥河上修建了广通闸，让太湖地区的漕粮赋税可以直达都城。永乐皇帝迁都北京后，恢复了南北大运河漕运体系，其中徐州至淮安段的黄河被作为漕运运道使用，"借黄行运"使得治理黄河、运河成为当时水利事业的核心问题。期间，涌现了陈瑄、刘天和、万恭、潘季驯等治河名臣，其中潘季驯因为实践"筑堤束水""束水攻沙""蓄清刷黄"等治理黄河与运河的理论并取得成功，被称为"千古治黄第一人"，他的理论与实践对后世影响深远。作为传统的赋税重地，明代的江南地区也是水利建设的重点，如永乐年间户部尚书夏原吉前往太湖治水，他采取引吴淞江水由浏河入海（后称"掣淞入浏"）并疏浚范家浜等措施，取得了很好的成效。

清代初年，治河、治运依然是江苏境内水利建设的重点，包括康熙皇帝、乾隆皇帝在内的清代帝王都十分关心黄河、运河的治理。靳辅、陈潢、张鹏翮、齐苏勒、高斌、嵇曾筠、黎世序等都是功勋卓著的治河名臣。民间则出现了郭大昌、冯道立等地方水利专家，为江苏水利事业做出过贡献。清道光年间，林则徐任江苏巡抚五年，治水踪迹遍布江苏，包括修浚浏河、白茆河以及七浦诸河，筑宝山海塘，修张官渡的正越二闸等，进行了成功的治水实践。

民国年间，中国水利的发展已经从帝王百官人人皆可言水利的传统时代，逐步过渡到专家治水、科学治水的近代水利发展时期。这一时期，江苏始终是近代水利发展的引导者。清末的状元张謇，致力于导淮、治江等水利事业，建立测绘特班、河海工程专门学校等培养水利人才，亲自带领水利专家辗转于苏北各地开展水利测绘，并引进国际水利专家共同商讨水利工程的实施对策等，均体现了他以水利兴国、兴乡的决心。此外，直接参与创办河海工程专门学校的李仪祉，在治黄导淮、整治运河上取得了突出的成就，被誉为一代"水圣"，他也是中国近代水利的奠基人。抗日战争时期，在盐阜革命根据地开展水利事业的宋乃德，突破重重阻碍，修建了惠泽百姓的"宋公堤"，生动诠释了"为民兴利者得民心"的古语。

时光之河，滔滔东逝。曾经热火朝天的水利建设场景，已经随着历史的进程消失在过去，但一代代怀抱赤子之心的江苏水利人殚精竭虑、艰苦奋斗，致力于兴水利、除水害的水利精神，则永远地留存在这片水乡泽国，值得后人永远崇敬和怀念。

编　者

2018年4月15日

目　录

一、先秦时期

2　　大　禹　中华治水文化精神的象征
5　　泰　伯　开凿无锡泰伯渎
7　　伍子胥　建造水城苏州
9　　夫　差　开凿沟通江淮和古运河的邗沟
11　　黄　歇　吴地水利事业的开拓者

二、秦汉至南北朝时期

14　　张　渤　后人崇拜的治水"祠山大帝"
16　　刘　濞　开凿通扬运河与江南盐铁塘
18　　张　禹、马　棱、邓　艾　东汉江淮下游陂水事业开发者
20　　陈　登　开挖邗沟西道，又筑堰溉田
22　　孙　权　奠定六朝都城的水利基础
24　　陈　敏　开练湖
26　　谢　安　邵伯筑埭传美名

三、隋唐五代时期

28　　张孝征、元暖等　修筑海州东、西捍海堰
30　　杨　广　开创南北大运河
32　　于　頔、李　素、王仲舒　太湖下游水利开发
34　　孟　简　常州孟河的开凿者

四、宋元时期

36　　乔维岳　世界上最早船闸的发明者

1

38　范仲淹　范公治水的忧与乐
40　沈　括　"中国整部科学史中最卓越的人物"
42　沈　起　海门筑堤兴水利
44　王安石　颁布我国首部完整的农田水利法
46　单　锷　三吴水利开始兴起的标志
48　苏　轼　徐州筑苏堤、起黄楼
50　郏　亶、郏　侨　吴中水利先驱
53　任建中、狄遵礼　筑南通江堤与海堤
54　嵇　安　兴修水利创"疏决法"

五、明代时期

56　李　新　开凿溧水胭脂河
58　柏丛桂　建言里运河河湖分隔工程
59　陈嵩九　修建胥河东坝与广通镇闸
61　陈　瑄　"德缵禹功"的明代治水专家
63　夏原吉　明初治水江南的三朝户部尚书
65　金　纯　治理会通河与黄河运道
66　周　忱　开发芙蓉圩，修闸浚河
69　刘天和　明代治河专家
71　沈　启　撰成《吴中水考》
73　归有光　编著《三吴水利录》
75　海　瑞　以工代赈治吴淞
77　万　恭　"束水攻沙"治河论的先驱
80　潘季驯　千古治黄第一人
83　耿　橘　常熟治水的理论与实践家
85　王　同　疏浚海州蔷薇河

六、清代时期

88　顾士琏　疏浚刘家河
90　爱新觉罗·玄烨　六次南巡视察黄、淮、运工程
93　靳　辅　系统治理黄、淮、运河
96　陈　潢　编写《天一遗书》

98	傅泽洪、郑元庆	编撰《行水金鉴》
99	张鹏翮	治理清口
101	齐苏勒	坚筑堤防
103	嵇曾筠	江河的知己
105	高　斌	河道总督世家
108	庄有恭	江南海塘与大修"三江水利"
110	袁　枚	治水沭阳
112	徐文灿	修筑海门"徐公堤"
114	郭大昌	经验丰富的"老坝工"
116	陈鸿寿	多才多艺的水利人
118	黎世序	修复练湖
120	陶　澍	吴淞江撤闸通海
122	林则徐	大规模疏浚江苏河流
124	冯道立	提出"攻沙八法"
127	魏　源	亲率民众护堤保坝
129	董　恂	编著《江北运程》
131	左宗棠	70高龄兴修南京水利
133	殷自芳	晚清苏北水利专家
135	许鼎霖	江北名士治水

七、民国时期

138	张　謇	中国近代水利事业先驱
141	武同举	民国水利史专家
143	宋乃德	盐阜根据地建设"宋公堤"
145	蔡克浑	困难之时集资修水利
146	李仪祉	参与创办河海大学
148	彭雪枫	开展根据地水利建设
149	特来克	献身南通水利事业的荷兰人
152	郑肇经	我国近代水利事业的元老

后记

一、先秦时期

大 禹

中华治水文化精神的象征

大禹，姒姓，又称禹、夏禹，夏后氏部落的首领，是远古传说中的著名治水人物。

有关大禹的身世，说法很多。最通常的说法是：禹是鲧的儿子。大约是在尧帝时代，河水泛滥，洪水滔天，人们只能逃往高山穴居，或在大树上巢居。当时，尧帝便派鲧治理天下水患，鲧治水时，采取壅土挡水的方法，以高地的土垫低地，堵塞百川。结果，河水不能畅流，水位不断升高，天下依然是"洪水滔滔，无所止极"（洪水铺天盖地，水灾仍然非常严重）。鲧已无法可施，只得去盗天帝的可以自动生长的石土——"息石息壤"来做堤坎，堤坎能随水的上涨而自动增高。后来天帝知道了这件事，怒气冲天，于是命兽身人面的火神祝融乘两条龙，将鲧杀死在羽山（相传在连云港东海县境内）之野。鲧死后，尸体不腐烂，腹中孕育着新的生命，三年后终于孕育成了禹。人们用吴刀（古代名刀，古时以吴地做刀最为锋利）剖开了鲧的肚子，禹得以出生。鲧生出禹后，一说变成黄龙，一说变成黄熊，一说变成三足鳖，潜沉入羽山下的深渊。

禹的长相不凡，身高二米多，虎鼻，骈齿（牙齿重叠，即整齐的龅牙，自古以来被认为是圣人之像），鸟嘴，耳有三洞。禹长大后继承父志，受舜帝之命前去治水。大禹进行了一番考察后，决定根据地形的高低，

大禹像

传说中大禹出生的东海羽山

利用水性，以疏通河道的办法排泄洪水，同时也不完全排除"堙"的方法，而是以"疏"为主，以"堙"为辅的方法治水，很快获得了成功。禹掘地开河，疏通九河，让洪水流入江河，江河流入大海，困扰中原大地的洪患渐渐缓解。

大禹治水的足迹遍及九州，在江苏大地，传说大禹治江导淮，疏九江、决四渎。《尚书·禹贡》载，"导淮自桐柏，东会于泗沂，东入于海"，开辟了淮北地区水系格局。在太湖流域，大禹疏导太湖水系，"三江既入，震泽（太湖）底定"，意思是大禹打开了"三江"，太湖地区的洪涝灾害减轻，得到了安定。"三江"是太湖地区通江达海的三条古河道（娄江古道、吴淞江和东江古道）。大禹治水改变了太湖地区的原始洪荒状态，为太湖地区的开发创造了基本的水利条件。

至今，大禹治水的相关传说广泛流传，且在江苏境内留有不少遗迹。据说，为纪念当年大禹在今太湖流域奔走治水，在位于今苏州吴江区的古镇震泽东端设有一座纪念古桥——禹迹桥。同时，震泽镇南有一个名为"蠡泽湖"的湖泊，它原名"斩龙潭"，相传大禹治水时曾在此力斩黑龙。这些都表明，此时的大禹已不仅仅是带领人们治水的部

苏州吴中区禹王庙

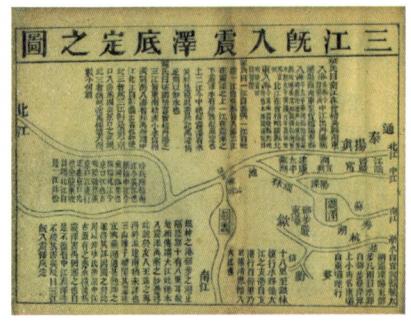

三江既入震泽底定图　　　　　汉代画像石"大禹治水"（局部）

落首领，而是神化了的英雄。

　　治理水患的过程艰苦卓绝，不但考验人的智慧，还考验人的品德。古籍、传说中，大禹治水的事迹十分动人。他看到洪水给人们带来的灾难，便全力以赴率众人夜以继日地治水，他疏导河川，手上磨掉了指甲，起了老茧，腿上磨去了汗毛，但他仍不停地工作。为了治理水患，大禹投入了全部的精力，由于工作繁忙，八年没有回家，三次治水时经过家门都没有进去。大禹所代表的治水精神，是中华民族不畏艰辛、乐于吃苦、勇于献身、敢于战胜并善于战胜恶劣自然环境的伟大民族精神的象征，他的治水精神和功绩，激励着一代代水利人献身于水利事业。

泰 伯

开凿无锡泰伯渎

泰伯，一作"太伯"，姬姓，商后期周部落人，古公亶父（即周太王）的长子。周太王认为少子季历的儿子昌有振兴王业的才能，于是有让季历再传位于昌的想法。泰伯和其弟仲雍知道父亲的意图后，便决意让季历继位。约公元前12世纪，古公亶父患病之时，泰伯和仲雍假借为父采药治病，从陕西率领部分周人向东南迁徙，最后定居于江苏无锡梅村，随从民俗，断发文身，以示不返，并与当地居民共同劳作。古公亶父病卒时，泰伯、仲雍回去奔丧，再三礼让，由季历继承父位。泰伯、仲雍则回到了梅里。

在梅里，归附于泰伯和仲雍的百姓有千余家，他们奉立泰伯为当地的君主，史称"吴泰伯"，自号"勾吴"。当时正处于商后期，王朝衰落，中原地区的侯王用兵频繁，泰伯深恐兵祸波及，在梅里平墟修筑城郭。后又凿渎开泾，因地制宜，大力兴修水利，积极发展农业生产。相传泰伯于公元前1122年率领民众开凿了一条长约合今28.3公里，宽28米的泰伯渎，还开挖了两侧的九条支流。

泰伯渎是太湖流域地区最古老的人工河道，它西枕锡城（羊腰湾），东连漕湖，通平江入海，使大片沼泽地泄水为田，既保障了河流两岸的农田灌溉，又便利了舟船往来，人民世世代代受其便利。可惜，因受历史条

泰伯像

水利名贤

件的限制，自殷商后期起一直到北宋前的各种历史文献，均找不到关于泰伯渎的记载。不过，据说今伯渎河在吴王夫差时就已经存在。当时夫差为了北伐齐国、称霸中原，下令开凿古代运道，也就是东汉《越绝书》上记载的"吴古故水道"。专家据此推断，伯渎河就是"吴古故水道"的无锡段。

至今，横贯江苏无锡梅村镇中心的伯渎港，仍是沟通梅村与外界联系的主要水道之一，且与泰伯庙一并成为泰伯在此地治水的历史见证。此外，梅村地区还流传着大量有关泰伯开发江南的动人故事，如"皇渡河""荒三千""九泾一渎""荆村""蛮巷"等，当地至今仍然流传着与地名相关的丰富的历史传说。

无锡梅里地区的伯溪河现状

伍子胥

建造水城苏州

伍子胥(前559—前484年),名员,春秋楚国人。当时统治楚国的楚平王通过政变上台,重用奸臣,滥杀无辜。伍子胥的父亲和兄长均被楚平王杀害,伍子胥则靠着自己的智谋和他人的帮助,于周景王二十三年即吴王僚五年(前522年)辗转逃到吴国。

伍子胥投靠在公子光门下,他把奔吴途中结识的勇士专诸推荐给公子光,并把专诸训练为一名刺客。吴王僚十二年(前515年),伍子胥精心策划了"专诸刺王僚"政变,帮助公子光夺取了政权,公子光即"吴王阖闾"。伍子胥也因此被任命为行人,负责外交,全面参与国政。他辅佐阖闾制定并推行了一系列重大举措,大力发展生产、鼓励丘陵地区开荒和沼泽地区理水造田、扩大粮食生产、兴修水利等。同时,他充分利用自身的治水智慧,解决了吴国建城时水的问题,促成了二千五百多年阖闾大城的建立。在最初建城时,阖闾大城的八门均兼水陆城门。

伍子胥像

为适应对楚战争的需要,吴王阖闾根据伍子胥的谋划,沿荆溪上游向西开挖河道,凿通东坝一带的冈阜,形成了一条连接东西水道的人工运河,用

水利名贤

苏州胥江旧影

于运输军用物资。太湖流域西南与青弋江、水阳江流域为邻，这两条流域原本并不相通，但胥溪河的开凿沟通了这两个流域。为纪念伍子胥的开河功绩，后世遂将所开之河称为"胥溪"。周敬王二十五年（即吴王夫差元年，前495年），为了沟通太湖与大海，伍子胥开凿了"胥浦"，今名"胥浦塘"。胥浦原为东西向，后由于杭州湾出海口封闭而改道曲折北流。胥浦，虽是吴越争雄的产物，但客观上沟通了太湖及浙江西部诸水，有利于太湖下游的排水和航运。

胥溪、胥浦与后来开挖的邗沟，是吴王阖闾和夫差为了攻楚、讨越、伐齐而开挖的三条重要运河，平时利于灌溉、交通，战时可用来运送兵员粮草，在开创强吴时代中发挥了重要作用。如今，苏州古城内外的胥门、胥江、胥口、伍子胥祠、伍子胥墓等古迹，也成为后人纪念伍子胥的最好见证。

胥江枣市桥段今景

夫 差

开凿沟通江淮和古运河的邗沟

夫差(？—前473年),春秋时期吴王阖闾的太子。周敬王二十四年(前496年),吴王阖闾伐越,后越王勾践破吴军,阖闾伤病而死,夫差继立为王。为报父仇,夫差以孙武和伍子胥为辅佐,大力整饬军旅,积极备战。夫差二年(前494年),大败越军。

夫差承袭王位后,组织开挖了苏州至孟河的江南河(后称江南运河)。江南河自今苏州起,经望亭、无锡、常州,至奔牛接孟河,于小河口入长江,长170余里,成为江南运河最早的开挖段。

夫差十年(前486年),吴王夫差率师北上争霸,筑邗城,城下挖深沟,沟通江淮,故名邗沟(邗溟沟),《水经注》中又称之为"中渎水"。夫差所挖的邗沟主要是由沿线湖泊串连而成,曲折多弯,全程约380里,并被史学界公认为京杭运河最早开挖的区段之一,自扬州,经武广、陆阳二湖之间,注樊梁湖,东北至博芝、射阳二湖,再西北出夹耶于淮安末口入淮。邗沟开通后的第二年,夫差借助便捷的水上通道北伐,势如破竹,攻陷陈国,打败了齐国的军队,击退了楚国的士兵。《春秋左传》中有一段话记载了这一历史:"哀公九年秋,吴城邗,沟通江、淮。"从此,中国历史上第一条以军事为目

吴王夫差像

水利名贤

的的人工运河开凿成功。这也是中国及世界历史上有确切纪年的第一条大型运道。邗沟沟通江淮，也接通了江淮航道，使得从吴都城苏州至扬州有船通行，这对于推动吴文化发展，促进我国南北经济文化的交流具有重大作用。

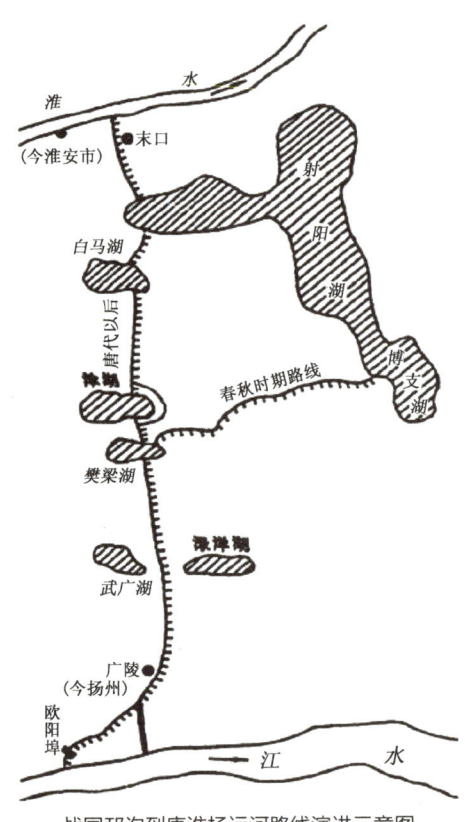

古邗沟遗址

战国邗沟到唐淮扬运河路线演进示意图

10

黄 歇

吴地水利事业的开拓者

黄歇（前314—前238年）是战国时期楚国贵族。楚顷襄王时，任左徒，考烈王即位时，任令尹，封给淮北地十二县。楚考烈王十五年（前248年），黄歇改封于吴，以故吴墟（今无锡梅里）为都城，封为"春申君"。分封于吴之后，黄歇曾在无锡舜柯山北筑城邑，称为"黄城"。今无锡惠山黄公涧，就是传说中春申君放马饮水的地方。

黄歇注重发展吴地的水利事业，相传黄歇曾经治理无锡湖，无锡湖又名芙蓉湖。芙蓉湖故址在今常州、无锡之间，面积一万五千顷。苏南运河无锡段中的黄埠墩，据说原为芙蓉湖中的一座小岛。据《越绝书》载，黄歇除主持疏浚芙蓉湖外，还实施了修建无锡塘（堤岸）、开语昭渎等水利工程，并在无锡惠山至常熟间造"陵道"（开河疏涝、筑堤隔水而成的陆行大堤），分隔南北水。他还在无锡、江阴、武进地区设置上、下两屯，垦拓农田，在无锡湖荡淤涨地段进行了较大范围的围田垦殖，将浅露之地辟为农田，用于发展农业生产。相传浙江吴兴的黄浦，江苏江阴的申港河、黄田港均与春申君黄歇有关。吴县（今相城区）黄埭镇相传也因黄歇在此以土掩水，筑成堰埭，后人为纪念他的功绩，故名为"黄埭"。上海简称为"申"，亦因春申君得名。

春申君黄歇像

二、秦汉至南北朝时期

水利名贤

张　渤

后人崇拜的治水"祠山大帝"

张渤，字伯奇，曾领导民众开凿运河，后被尊为神，人们为他立庙，简称"祠山庙"。唐天宝中，广德县的横山改名为祠山，张渤被奉为"祠山广德王"。明代以后，张渤又累被封赠为"祠山广惠王""祠山圣烈真君""祠山大帝"等。后人世代祭祀张渤，形成了一种习俗。明洪武二十年（1387年），朱元璋命令官员在南京北极阁新建十庙，每庙祀一神。其中有一座"祠山广惠王庙"就是祭祀江南一带信仰较为广泛的祠山帝张渤的，钦命由南京太常寺按时官祭。

张渤的治水事迹，散见于多种文献。关于张渤的身世及治水传说的记载有多个版本，比如，据《万历绍兴志》载，祠山大帝张渤是大禹治水时的助手，辅佐大禹治水有功。《留青日札》则记载，大禹治水的助手是张渤父子两人，张渤的父亲叫张秉，被尊称为"龙阳君"。因张渤治水有功，"以水德王其地，后称祠山神"。宋代吴曾在《能改斋漫录》中记载，称张渤是浙江湖州人，他欲从安徽广德挖一条运河至浙江长兴，将皖南角山水导入太湖，但工程因故失败。

祠山大帝像

此外,据《无锡志》载,张渤是位疏浚蠡湖的治水英雄。由于蠡湖位置适当,成为无锡泄洪蓄水的天然水库。但因其容积有限,连接太湖的出水方向又堵着牛犊山,所以影响了它的调控能力,遇到多雨的年份,就闹水灾。张渤治蠡湖水灾的决心,感动了上苍,上苍就让他变成一头"猪婆龙"(扬子鳄)。他一口吞掉了在蠡湖兴风作浪、形状似狗的水怪,浑身上下顿时有了神力,便用嘴巴拱开了"犊山门",疏通了"浦岭门",使蠡湖和太湖流水畅通。从此梁溪之畔的无锡,成为鸢飞鱼跃、五谷丰登的江南鱼米之乡。于是上苍把他封为"掌管岳渎"的水神。

总之,张渤是一位治水英雄,也是后世祭祀的治水之神。他先后曾在苏、浙、赣一带,带领百姓在江南一带疏理江河,征服洪水,化害为利,发展农耕,为这一地区的农业生产,做出了卓越的贡献。

高淳地处古丹阳大泽之滨,地势东低西高,特殊的地理位置决定了高淳是一片易旱易涝的地区。千百年来,高淳人民一直和洪旱灾害做斗争,因此对汉代的治水英雄祠山大帝张渤十分敬仰,世世代代加以祭祀。

水利名贤

刘 濞

开凿通扬运河与江南盐铁塘

刘濞（前215—前154年），今沛县人，西汉诸侯王，刘邦侄，封吴王。汉高祖十二年（前195年），刘邦平定了异姓王英布的谋反，更荆国为吴国，封侄子刘濞为吴王，迁都于广陵，领三郡五十三城。

刘濞一直重视国内的经济发展。吴国南有章郡铜山，吴王招天下亡命之徒，铸造钱币，通行天下；东有大海，吴王命人就地取材，煮海水为盐，大力开发盐业。当时的盐场主要分散在江淮东部沿海地区，要把东部沿海各盐场的盐转运到扬州，再转运各地，迫切需要开辟水路交通。西汉高祖十二年至汉景帝三年（前195—前154年），吴王刘濞为了将封地东部沿海盛产的盐运到扬州，主持开凿了上官运盐河，即自扬州湾头到海陵仓，再到海安如皋磻溪的运盐河，总计长97.5公里；之后，运盐河逐步延伸至南通。清宣统元年（1909年），通州大达商轮公司呈请疏浚从南通到扬州的运河，便于客货运输，始名"通扬运河"。

吴王刘濞像

通扬运河的开凿，不仅便利了水路运输，也起到了疏理水道的作用。《扬州画舫录》云，今日扬州通往海边河流，当年均为运盐河，开河运盐，有舟楫之便，同时利于灌溉，功及后代，使日后苏中地区迅速成为鱼米之乡。后来扬州建有"吴大王庙"，供奉着两位吴王，一为春秋吴王夫差，一为汉吴王刘濞，体现了老百姓对他们的高度评价。

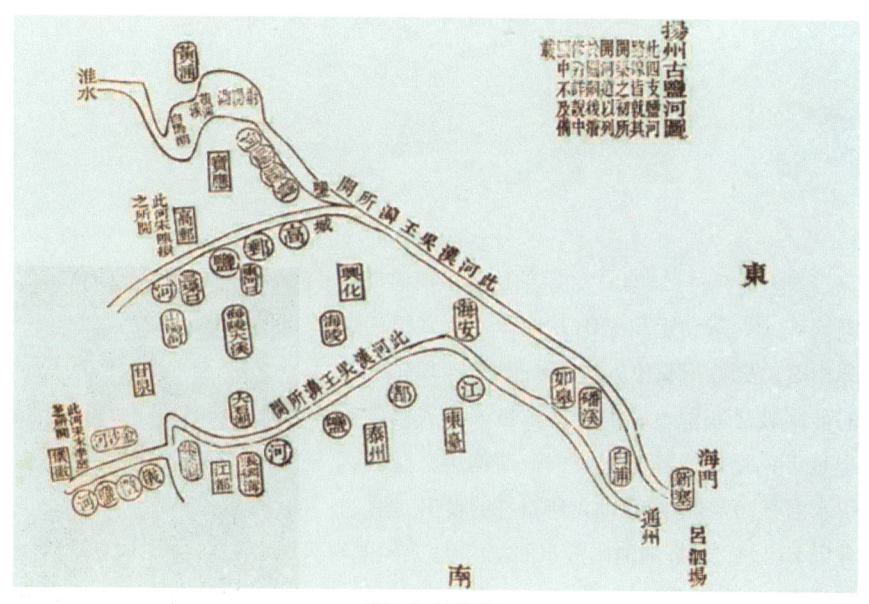

扬州古盐运河图

水利名贤

张禹、马棱、邓艾

东汉江淮下游陂水事业开发者

张禹（？—113年），字伯达，东汉时期赵国襄地人。东汉元和三年（86年），张禹任下邳相时，发现下邳国徐县（今泗洪县半城镇北）的蒲阳陂淤塞荒废，附近许多良田无人修整，于是带领百姓修建蒲阳陂，疏通沟渠，建闸，引水灌溉，开垦出数百顷常年耕种的良田。据《东观记》记载，修好的蒲阳陂水面宽广达二十里，径且百里。他还供给百姓种子，亲自参加劳动，获得大丰收。为此，邻近郡县的千余户贫困百姓纷纷投靠他，使蒲阳陂附近很快发展成一个繁华的城镇。不久，蒲阳陂附近开垦的面积达到了千顷，百姓生活富足。

马棱（生卒年不详），字伯威，陕西兴平人，章帝建初年间，任郡功曹，举孝廉，东汉元和四年（87年），迁广陵太守（今扬州）。据《后汉书》记载，当时谷贵民饥，马棱一方面赈济

张禹像

贫弱，另一方面兴复水利，建设了广陵陂湖，能溉田超过1 334平方公里，规模相当大，因此百姓刻石纪念他。

邓艾（197—264年），字士载，河南新野县人，三国后期魏国将领。邓艾享有盛名，不仅因为他的军事才能，还因为他力主"屯田开漕""积粟富民"

的农战政策。白水塘又叫白水陂，位于洪泽湖中南部，据《太平寰宇记》楚州淮阴县条载："白水塘在县南九十五里，故老云，邓艾平吴时修此塘，置屯四十九所，灌田以充军储。"在同书的宝应县条下有："白水陂在县西八十五里，邓艾所立，与盱眙县破釜塘相连，开八水门，立屯溉田一万二千顷。"白水塘在今三河农场至马浪冈以东地区，即西界在今三河闸上游的洪泽湖中。南接褚庙冈，东为白水堤，北近富陵湖，水源来自盱眙山区的塘山。白水塘的屯田区，都在今洪泽湖大堤以东的低洼地区，面积达八百平方公里。屯田兵士二万人，军马一万匹，设屯田卫四十九所，余皆农民。屯内有严密的组织和制度，推行先进的耕作技术"沤田法"，加上自流灌溉，年年丰产丰收。屯区内建有城池邓艾城，因其位居石鳖山下，又叫石鳖城。民间还有邓艾饮马池、教军场、遛马滩、邓艾庙、邓艾井等很多地名和传说。

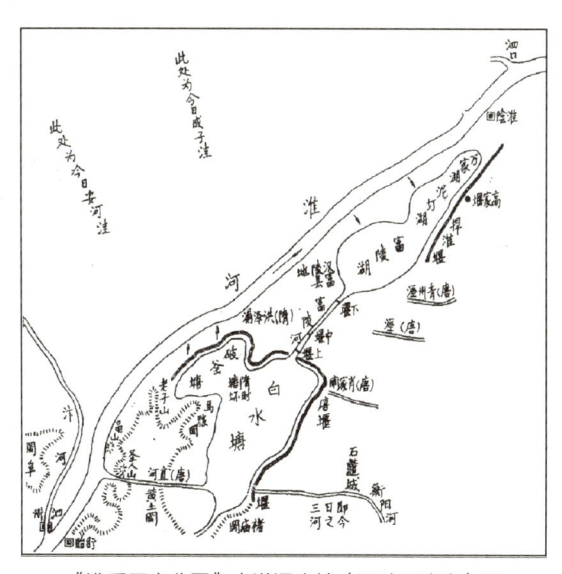

邓艾像

《淮系历史分图》中洪泽高埝（汉魏至隋唐）图

水利名贤

陈 登

开挖邗沟西道，又筑堰溉田

陈登（约164—201年），字元龙，东汉淮浦（今江苏涟水）人。陈登25岁时，举孝廉，东阳县长，后为典农校尉，主管农业生产。他亲自考察了徐州的土壤状况，开发水利，发展农田灌溉，使百姓们安居乐业。建安二年（197年），陈登向曹操献灭吕布之策，被授广陵太守，他贯彻从担任东阳县长、典农校尉以来一直实施的行政理念，推行曹操的屯田制，开发水利，发展灌溉，安抚民众。建安三年（198年），陈登晋封伏波将军。建安五年（200年），陈登迁东城太守，不久卒，享年38岁。

陈登一生功勋卓著，在水利建设方面成就颇多。首先，在广陵太守任上，开挖邗沟西道，缩短江淮之间水路。在陈登来广陵以前，由江达淮要向东北绕经博支湖、射阳湖，由末口入淮。如此水道曲折，旷日持久，费力费时。陈登决定裁弯，由樊良湖（今高邮湖）、津湖（今界首湖），再北通白马湖，至末口入淮，航程大大缩短。这条河史称"邗沟西道"。

陈登像

其次，设置扬州陈公塘。所谓扬州五塘，实际是汉代至唐代扬州一带陆续修建的相连的五座水库。其中，勾城塘为唐贞观十八年（644年），李袭誉引雷陂水所筑。在黄河夺淮以前，扬州相对于淮河而言，为北低南高的地形。陈登在此修筑塘坝以蓄水用于灌溉。在五塘中，陈公塘最大，周边长九十多里，可溉田千余顷，塘址在江苏扬州仪征白羊山以南，塘的东、西、北三面倚山为岸，南面筑垒成堤，如今尚有遗迹可寻，当地人称之为"龙埂"。勾城塘面积比陈公塘小，周边长十八余里，塘水沿乌塔沟流入仪扬运河。小新塘、上雷塘、下雷塘都比较小，周长只有六七里，这三个塘由槐子河串联，往东流入大运河。唐代以后，扬州五塘开始用于给大运河输水，以保障通航，因此在历史上名气很大。至明嘉靖时，扬州五塘已经失去作用；万历时，潘季驯曾进行调查，确认已无恢复价值。

陈登在水利上完成的第三件工程是修筑捍淮。明万历年间实施"蓄清刷黄"以前，在淮河穿越洪泽洼地的右岸，分布着一系列的小湖泊，自北向南依次为万家湖、泥墩湖、灰墩湖、富陵湖和破釜塘，还没有形成洪泽大湖。据武同举《淮系年表》记载，陈登筑高家堰三十里，以防御淮水东侵，故高家堰又称"捍淮堰"，在富陵湖东岸。当年，富陵湖所处的位置，北起今淮安市清浦区武墩镇，南抵洪泽县西顺河以北。后来，明代陈瑄、潘季驯，清代靳辅逐步加筑，将其延伸至盱眙境内，奠定了今天洪泽湖大堤的雏形，故称陈登是洪泽湖大堤的创建人。

孙 权

奠定六朝都城的水利基础

孙权（182—252年），字仲谋，吴郡富春（今浙江富阳）人，三国时代东吴的建立者。

东汉建安十年（205年），孙权将政治中心从镇江迁到南京，揭开了南京建都史的第一页。孙权定都南京后，围绕都城建设，兴建了运渎、青溪、破冈渎等水利工程，为六朝都城的繁华奠定了基础。

六朝时期，南京作为都城所在，其经济腹地主要在苏州、太湖、钱塘江流域及浙东地区。为此，从孙吴政权开始，就通过秦淮河上游水道打通了连接太湖乃至钱塘江的水上运道。吴赤乌八年（245年），派遣校尉陈勋发屯兵三万，开凿句容中道，直至丹阳西城，以通太湖流域船舰，号为"破冈渎"。有了这条连通秦淮河水系与太湖水系的破冈渎，太湖地区的物资再不用从长江历险，而改由破冈渎入秦淮直达都城。陈后主祯明三年（589年）隋灭陈，隋文帝下令废弃破冈渎，为的就是切断南京与苏、浙一带的经济联系，从而抑制南京的发展能力。

孙权时期，还派水利专家郤俭陆续开挖了青溪、运渎、潮沟等人工河道，使秦淮河水与玄武湖、金川河水系沟通，从而形成了发达的城市水运航道，确保都城的生产和生活物资供应。《东南利便书》载，六朝古城离秦淮河很远，其漕运必须借助舟楫，而且宫城壕堑也需要用水灌注。东吴嘉禾七年（238年），孙权开凿了运渎，引秦淮河水到达仓城。同时开挖的青溪在都城之东，于赤乌四年（241年）冬十一月凿成，北通城北护城河潮沟，南通秦淮河，沿途有多处弯折，因此又被称为"九曲青溪"。据《景定建康志》记载，在宋代时，这条河的宽度还有 15 米，深 2 米。潮沟也是在孙权时开凿的，是都城北垣的护城濠，其平面略呈"广"字形，位于覆舟山与北极阁之间的潮沟北线，即后来的珍珠河北段。此河的主要作用是北连玄武湖乃至金川河水系，向南延伸部分为都城内的城北渠，是东吴天玺元年（267年）所开，"引后湖水激流入宫巡绕堂殿"，这条渠即珍珠河南段，主要作用是引玄武湖水入宫城，沟通这一带水运。

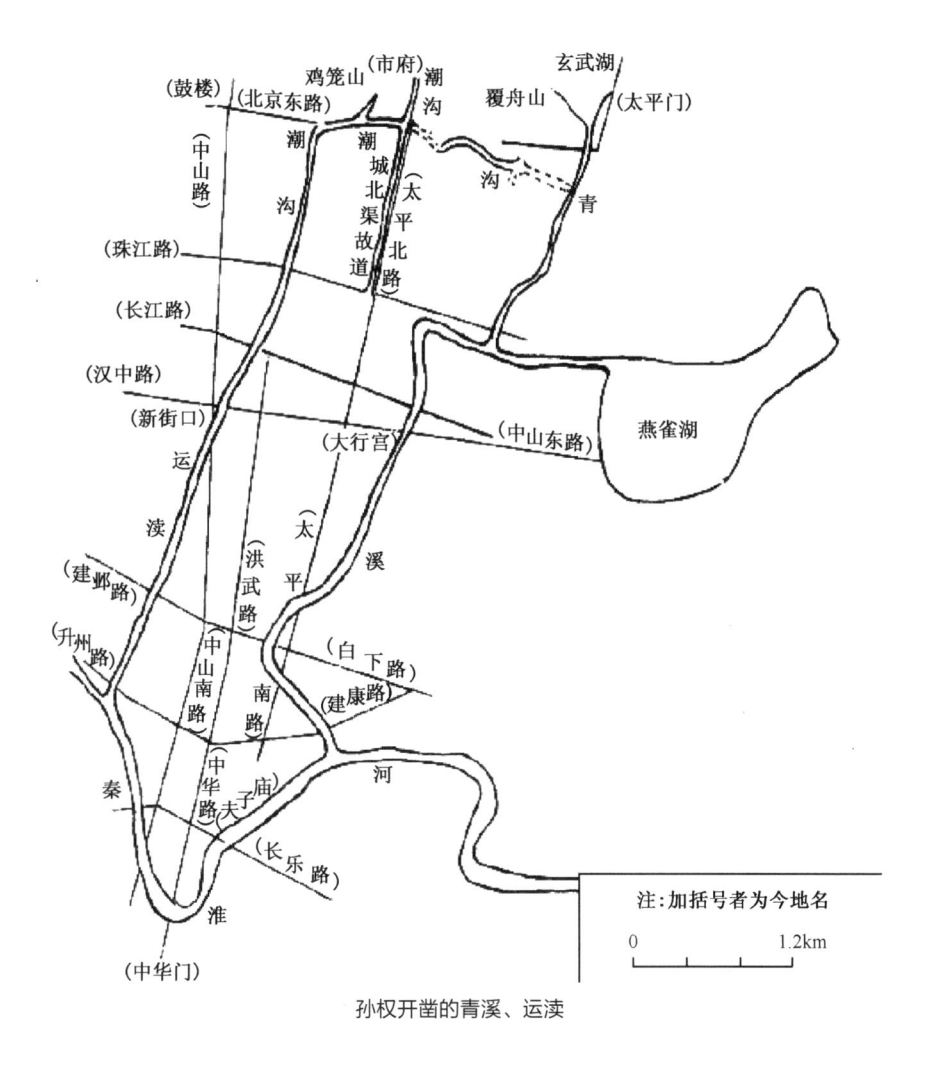

孙权开凿的青溪、运渎

陈 敏

开练湖

陈敏（？—307年），西晋官吏，字令通，安徽舒城人，出身寒门地主。"八王之乱"中，齐王司马冏、成都王司马颖、河间王司马颙共讨赵王司马伦，陈敏建议漕运南方米谷以济中原。他先后任合肥、广陵度支，后拥兵割据安徽和县，被江南大族周玘、顾荣并力消灭。

西晋永兴元年至光熙元年（304—306年），陈敏据江东，派遣他的弟弟陈谐筑堰，拦马林溪水成塘，称"练湖"，溉田数百顷。练湖位于江苏省丹阳县城北，又名练塘、曲河后湖、丹阳湖，是兼有济运、灌溉和防洪效益的水库。练湖湖水以西、北两个方向的山溪为源，初建成时用于防洪和灌溉。到南北朝时期，练湖的灌溉能力约至周围六十公里。

唐代宗广德二年（764年），转运使刘晏分官吏主管练湖。唐永泰年间扩湖蓄水，禁筑湖堤和滥垦湖田，于旱时引湖水注入河中；"禁引灌，自是河漕不涸"，并对练湖用水管理极严，明令"盗决（泄水）者，罪比杀人"，严禁有权势之人围湖造田。

唐代以后，练湖以中埂相隔分为上下两湖，并开始对江南运河进行水量补给。宋代时期，在江南运河入江口处，加建京口闸，在常州方向加建奔牛闸和吕城闸，中间为江南运河较高的一段。练湖在此时是江南运河重要的供水水源之一，有"湖水一寸，益漕河一尺"之说。南宋以后，环湖围堤约二十公里，明清时期加建石闸，引上湖之水到下湖，另在下湖与运河交接的地方建有石闸，可引下湖之水到运河。此外，还有溢洪道一座，以供洪涝时泄洪之用，另设多个涵闸，可以引下湖之水灌溉农田。此时的练湖以济运为主，兼可用于灌溉，有"七分济运，三分灌田"之说。

由于练湖在江南一带对交通与农业具有重大作用，历代对练湖的管理都十分严格。直至元明时期，开始出现围湖造田的情况，之后因淤积和围垦，练湖逐渐堙塞成田。现在古练湖所在地，已建成练湖农场。

水利名贤

谢 安

邵伯筑埭传美名

谢安（320—385年），字安石，河南太康人，东晋宁康三年（375年）五月，领扬州刺史。东晋太元八年（383年），前秦苻坚南侵，在谢安的指挥下，东晋取得"淝水之战"大捷。后谢安晋升太保、太傅。不久，因遭排挤，于是自请到广陵（今扬州）赴任，在广陵东北筑"新城"而居。

当时，邵伯地势西面高，湖水浅，常常干旱；东面低，湖水涨，常常淹没农田，导致居住在这里的先民，经常流离失所。为此，谢安考察了该地的地形地势，体察到当地百姓之苦，遂率领百姓披风雨、顶烈日，修筑埭堰，便农利航。后人追恩他的功绩，把他比作西周时协助周公辅佐周室的"召公"（名姬奭，文王庶子，周公之弟，封于召），称此埭为召伯埭，古代"召"与"邵"相通，故称邵伯湖，后来大镇兴起，称邵伯镇。北宋扬州诗人王令在诗中说："谢公已去人怀想，向此还留召伯名。"如今湖上新型的现代化船闸，也称为邵伯船闸。

谢安像

三、隋唐五代时期

张孝征、元暖等

修筑海州东、西捍海堰

江苏历史上最早的海塘修建于连云港的海州湾。海州成陆较早,经济开发历史悠久,自古居民较多,又因地处南北交通要冲的战略位置,历代都有大量军队屯驻。这都要求有粮食生产的保证,但因为田地、河流被海水侵蚀,不能耕种和灌溉。杜弼在海州主政时,在海州东部海边建起长堰,"外遏咸潮,内蓄淡水",沿海耕地得到了护卫,灌溉淡水也有了保障,始有丰稔之年。

据《太平寰宇记》载,隋开皇九年(589年),东海县令张孝征修筑"西捍海堰",该海堰位于东海县北3里处,南接南城西山,北至北云台山,南北长63里,高约1.7米。西捍海堰靠近云台山一带的西海岸,亦为保护两山之间平原耕地不受海潮浸蚀的水利防御工程。就捍海堰的规模来说,虽堰仅高约1.7米,但已经是我国早期海塘长度最长、规模最大的一个工程了。

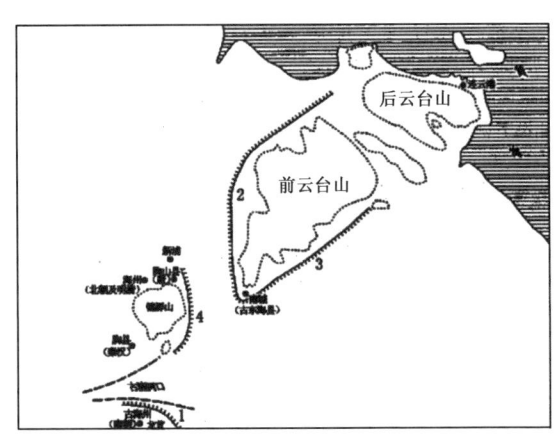

南宋以前海州湾沿海海塘

元暖，字徽明，河南省人，唐开元八年（720年）以朝议郎身份应旨来东海县担任县令，负责县内政务。东海县四面环海，山坡下的农田常年受到海潮威胁，不仅影响广大农民的生活，更影响广大农村的社会安定。元暖对此十分关注，率农民在南城（当时为县衙驻地）东3里处筑一捍海堤，称"东捍海堰"。该堰西南由九岭山开始，东北到大西山，长39里，外挡海潮，内拦山水，使广阔农田大获灌溉之利。

　　此后，历代在海州的捍海堰工程持续不断。唐开元十四年（726年），海州刺史杜令昭筑永安堤，民获其利。北宋至和年间，沈括代理东海县令时也在云台山一带兴修海堰工程。明代，海州一带海堰多次修整。洪武初年，王规从海州南云台的大岛山至南城依山势修筑了一道长达25公里的捍海堰，史称"王公堰"。万历年间，海州通判唐伯元还修筑了大村堰。

杨 广

开创南北大运河

隋炀帝杨广聪慧机敏，登基前就率兵灭了陈朝，完成了统一大业。其最大贡献之一就是开凿大运河。

大业元年（605年）三月，炀帝命令尚书右丞皇甫议征发河南、淮北各郡的百姓，共一百多万人，开凿通济渠。从西苑引谷水、洛水到黄河，又从板渚引黄河水，经过荥泽入汴水，从大梁东面引汴水经过泗水到淮河。

与此同时，杨广又诏令淮南民夫拓浚邗沟。这段运河水面"阔四十步，通龙舟；两岸为大道，种榆柳，自东都至江都二千余里，树荫相交。"至此，长安到江都实现直航。

大业四年（608年），炀帝下令开凿永济

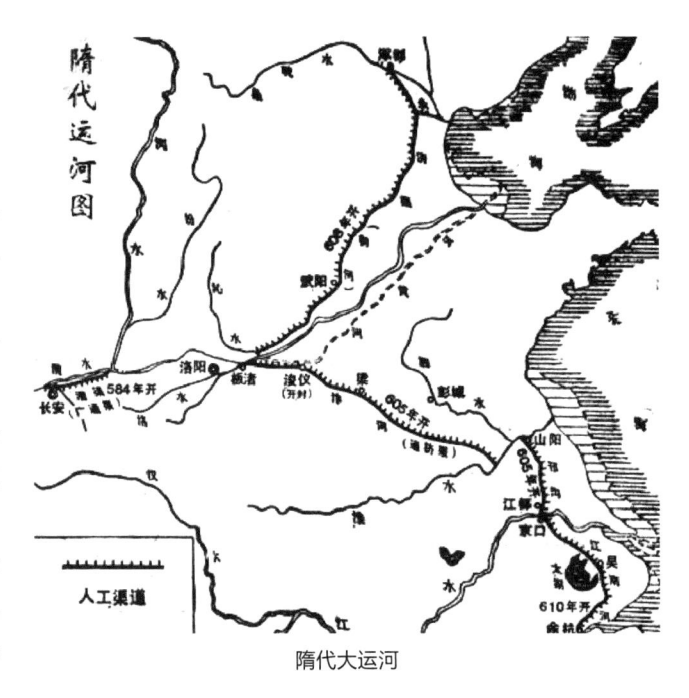

隋代大运河

渠，引沁水，向南通到黄河，向北通往涿郡。大业六年（610年），炀帝下令重新开凿江南河，从镇江到杭州，全长四十多万米。自此，在中国的版图上，便有了一条北起北京、南达杭州的水路大动脉。在科技尚不发达的年代，大运河的开凿全赖民力完成，因此在成为世界奇迹的同时，也埋下了"失去民心"的祸根。

　　隋之后的唐朝接纳了这份水利遗产，算是捡了一个大便宜。杜佑在《通典》中就提到：大运河通航，"天下利于转输"，它催生了楚州（今淮安）、润州（今镇江）、泗州（今盱眙境内）等运河城市。无怪乎唐朝诗人皮日休要说："尽道隋亡因此河,至今千里赖通波(一说为'尽道隋亡为此河,至今千里赖通波')。若无水殿龙舟事,共禹论功不较多。"

水利名贤

于頔、李素、王仲舒

太湖下游水利开发

太湖东部的苏州，地势低洼，水泽宽阔，一旦夏季雨水下一个昼夜，太湖就与长江直接相连，田地淹没，分不清是哪家田地了。因此，这一带的治水重点主要在于疏浚河道，筑堤防溢，约束水道，与水争地。唐代时期，这一地区最具典型意义的工程包括頔塘、元和塘和吴江塘路，宋代的至和塘等下游塘路的拓浚，也属于这一类型。

于頔修頔塘

于頔（？—818年），字允元，河南洛阳人，官至户部尚书。他在担任湖州和苏州刺史期间，修筑了荻塘平望到南浔25公里的河岸，开凿沟渠，并在两旁种树标明道路。百姓为了歌颂他的功德，将荻塘改名为頔塘。頔塘是太湖南岸一项规模宏大的古代水利工程，它与太湖溇港一起形成一张巨大的水网，把东西苕溪下泄的湍急水流逐渐分流至大大小小的河港之中，既减轻了旱涝之灾，又灌溉

于頔像

了沿线数万顷农田。頔塘同京杭大运河相接，因此还是一条重要的水道。

李素疏凿元和塘

元和塘，因位于苏州州治吴县（今苏州市吴中区与相城区）齐门与常熟之间，又名常熟塘，长百余里，"旁引湖水，下通江潮，支远脉分"，是一条历史悠久的航运水道。唐元和四年（809年），由时任苏州刺史的李素鸠工疏凿。重新疏凿后的元和塘，不仅有效发挥了灌溉、排涝等功能，也成为重要的航运通道，带动了沿线市镇的发展。

王仲舒"堤松江为路"

王仲舒（762—823年），字弘中，山西太原人，历任左拾遗、苏州刺史、洪州刺史、中书舍人、吏部员外郎等。

直到唐中叶，今苏州市往南的太湖东部一直没有堤岸，今吴江南北数十里当时皆为广阔的水域，全凭舟楫往来，无陆路可通。宪宗元和年间（806—820年），苏州刺史王仲舒"堤松江为路"，修筑了一条南起平望北达苏州的堤塘，以通往来，这就是后世所称的"吴江塘路"。这条塘路一直沿用至今，即苏州城东南角觅渡桥运河西岸通往松陵、平望的老公路，现因多条高速公路和快速通道的开通，塘路遗址日趋荒废，但塘路上刺史王仲舒捐所束玉带而建造的宝带桥（今桥是明代重建）却依然横卧在澹台湖口，见证着吴江塘路的千年风霜。王仲舒修筑的堤塘，不仅大大改善了苏州东部的交通状况，而且还为太湖东岸低洼地带的垦殖创造了条件，有利于太湖平原东部塘浦圩田系统的形成，为两宋时期塘浦圩田的进一步发展奠定了基础。

水利名贤

孟 简

常州孟河的开凿者

孟简(？—823年)，字几道，山东德平人，唐朝大臣，著名文学家，也是地方水利专家。孟简一生治水有功，尤其是在出任常州刺史与浙东观察使期间，对当地河流的治理立下赫赫功劳。

唐元和四年（809年），孟简因论事时与皇上意见不合，被下放到今江苏常州任刺史。唐朝时期，长江自镇江以下江宽水深，风大浪高，漕船航行承受极大的风险，因此漕船大多由江南运河至镇江过江，到对岸瓜洲入伊娄河（今瓜洲运河）北上。但由于奔牛镇以上河段地势高，一遇枯水便航船堵塞，交通极为不便。孟简到任后，为解决这一问题，他实地考察，于元和八年（813年）征调常州境内及附近民工15万人，对北自常州孟河城附近的长江岸起，南至奔牛附近的万缘桥大运河岸一线中间的旧河道进行贯通拓浚。施工期间，孟简亲赴河岸监察。竣工后，河长20 500米，引导江水南流，与原运河相接，成为通江航道之一，滚滚江水从此直达南注，漕船可经此入江，沿扬中大沙洲内侧夹江，西航至润州（今镇江）附近过江入伊娄河，分流了漕运。同时，河道可灌溉沿线田地约267平方公里。后人为纪念孟简的治水功绩，把开通的河道称为"孟河"，千百年来沿用至今。

孟简像

四、宋元时期

水利名贤

乔维岳

世界上最早船闸的发明者

乔维岳（926—1001年），字伯周，后周陈州南顿（今河南省项城县城西）人，后于周显德元年（954年）授西湖主簿。北宋时，他历任泉州通判、淮南转运使、太常少卿、给事中、寿州刺史等职。乔维岳在江苏水利方面的贡献主要体现在两个方面。

一是开沙河（又名西河），避开山阳湾之险。北宋雍熙元年（984年）二月，乔维岳任淮南转运使之初，目睹江淮运河经淮水一段的山阳湾水势湍悍，运舟多覆的险状后，规划度量，主持开凿了自楚州山阳末口（今淮安市淮安区北）至淮阴磨盘口（今淮安市淮阴区码头镇北）入淮的沙河。沙河长40里，使山阳湾水流湍急给行船带来的困难得以解决。

二是首创二斗门复闸，成为世界上最早船闸的发明者。为确保运道畅通，过去采用筑堰埭的方式控制水位，同时在埭堰两侧各建一个平缓的斜坡，用人力或畜力转动绞关。过去从长江口到淮河边曾建有五道堰，船到堰前必须卸下货物，然后拖拽船只过堰，舟船极易损坏，且运输量不高。

《宋史》中记载，淮南转运使乔维岳在西河第三堰创二斗门复闸，两个斗门之间相距50步（约77米），上面覆盖房屋，有悬门控制水位。这是我国单级船闸的最早记述，早于西方400年，为现代船闸的前身，史称"复闸"。该闸由上下两道闸门和闸室组成，闸室长约76.5米，闸门可升降，适时启闭闸门，平衡闸室内外水位，以利船只通过。随着这一船闸技术的应用，漕船载运量大幅提升，因此北宋漕运量比唐代有大幅度增加，至北宋大中祥符元年（1008年），经过泗口的漕米运输高达700万石。

李约瑟对其评价更高："中国古代创建的二斗门，可称是世界上最早的船闸，它的出现，不仅在中国内河航运史上有着划时代的意义，在世界科学技术史上也无不占有重要的位置。"今淮安市清晏园内立有乔维岳铜像，以示对他治水功绩的纪念。

江苏淮安清晏园内乔维岳像

水利名贤

范仲淹

范公治水的忧与乐

范仲淹（989—1052年），字希文，苏州人，宋大中祥符八年（1015年）进士。他27岁步入仕途，几起几落，官场坎坷，为国为民，政绩斐然，主持了历史上有名的"庆历新政"，是中国古代著名的政治家、思想家、军事家和文学家。他一生践行"先天下之忧而忧，后天下之乐而乐"的崇高理想，为民谋利，在兴修水利、治理水旱灾害方面也做出了不朽的功绩。

范仲淹像

宋天禧五年（1021年），范仲淹到泰州任西溪镇盐仓监官。他在巡守西溪盐仓与海滨盐田中发现，在唐永泰二年至大历十四年（766—779年）间修建的沿海大堤常丰堰，因年久失修，很多地段已经崩溃塌陷。每年秋季海潮泛滥，往往阡陌洗荡，庐舍漂流，人畜丧亡，灾情十分严重。退潮以后，盐田都不能蓄水制盐，良田也变成了不宜耕种的盐碱地，老百姓无以为生，纷纷逃散。范仲淹看到后内心忧虑不已，越出职权范围向上级反映，建议修复捍海堤。宋天圣二年（1024年）朝廷任命范仲淹主持整个修堤工程。经过将近四年的努力，宋天圣六年（1028年）春，长达一百五十里的捍海堤终于修好，解除了这一带的潮水灾害，保护了农田和盐场。逃散在外的居民也纷纷返回家园恢复生产，原来葭苇苍茫的荒地，又长满了绿油油的庄稼，当地人民为了纪念范仲淹的功绩，为他修建了祠堂，并将捍海堤取名为"范公堤"。二十年后，海门知县沈起又新筑捍海堤百里，与范公堤首尾相接。后世范公堤又屡次修固和延展，逐渐形成了起自阜宁，经盐城、东台、海安、如东、南通，直抵启东吕四的长堤，号称八百里，发挥着"有束内水不致伤盐，隔外潮不致伤稼"的功用，其名仍旧还称范公堤。

宋景祐元年（1034年），范仲淹被调到桑梓故地，担任苏州知州。此时苏州刚遭遇了一场百年不遇的夏洪秋汛相加的大灾，积水不能退，造成良田被抛弃，农耕失收，百姓困苦。他奔走在灾区前线，根据水情与地理环境，提出开浚昆山、常熟间的"五河"，将积水导流太湖，注入于海的治水计划。第二年，他亲至工程第一线，与当地人民协力疏通了白茆、福山、黄泗、浒浦、奚浦、茜泾、下张、七丫等港浦，导诸邑之水。针对港浦一旦有海潮上涨，就会导致河道泥沙淤积的特点，他在疏浚的同时，主张必须在新疏导的河道上设置闸门，并驻扎屯兵，专门负责管理浦闸，每年春天清理闸门外的淤泥，从而达到事半功倍的效果。

此外，他将治水与治田相结合，认真研究江南的圩田古制，结合自己的治水经验，倡导了"修围、浚河、置闸，三者如鼎足，缺一不可"的治水实践，通过设闸、筑圩等措施，妥善解决了蓄水与泄水、挡潮与排涝的关系，从而保障了太湖周围苏州、常州、湖州、嘉兴的农业生产。为纪念其功绩，人们将浦闸称为"范公闸"，修筑的圩堤叫作"范公圩"。

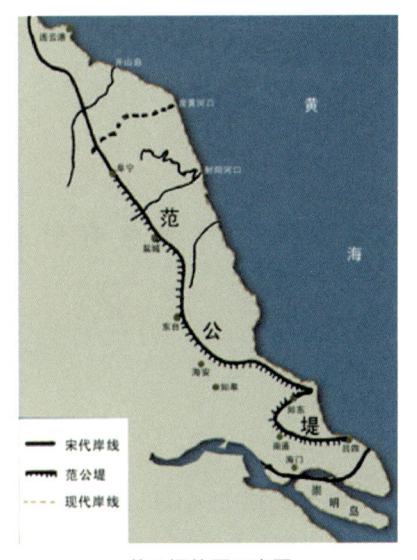

范公堤位置示意图

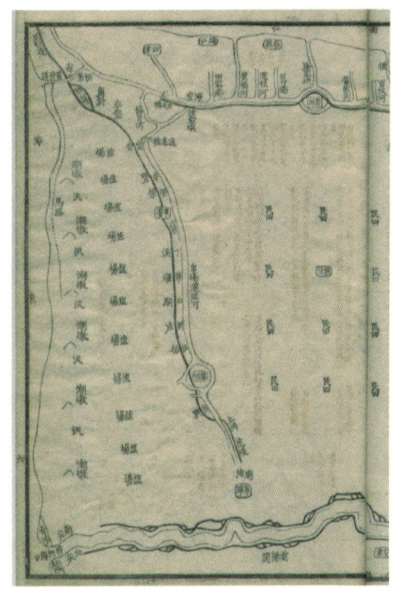

光绪二年（1876年）范公堤与串场河

水利名贤

沈 括

"中国整部科学史中最卓越的人物"

沈括（1031—1095年），字存中，钱塘（今浙江杭州）人，北宋初期杰出的科学家、政治家。历任沭阳县主簿、太史令，参与过盐政整理、水利考察等工作，又任提举司天监、翰林学士等技术性官职，几乎包揽了当时朝廷中的科学事务，如修历法、改良观象仪器、兴水利、制地图、监造军器等。在地方任职期间，他十分重视农业生产发展和兴修水利，且成绩斐然、影响深远。

宋皇祐六年（1054年），24岁的沈括任海州沭阳县（今宿迁沭阳县）主簿时，对本县方圆几百里的地域进行考察，发现境内的沭水由于长年失修而堙塞，时见水患，严重影响了农业生产。对此，他提出整修沭水，组织几万民工浚河，修"百渠九堰"，使沭水成为良好的灌溉供水工程，把七十万亩低产田变成良田，解除了当地人民的水灾威胁，改变了沭阳的面貌。宋至和二年（1055年），沈括代理东海（今连云港东海县）县令时，还曾在云台山一带兴修海堰工程。

宋熙宁五年（1072年），沈括奉命对汴河水道进行治理。当时的汴渠已被黄河泥沙淤积，水高于堤外房屋一丈二尺有余，不仅险象丛生，威胁沿岸百

沈括像

沈括 "中国整部科学史中最卓越的人物"

姓的生命财产安全，漕运也日益受阻。为治理汴河，他创立并采用了"分层筑堰法"。这种地形测量方法，是把汴渠分成许多段，分层筑成台阶形的堤堰，引水灌注入内，然后逐级测量各段水面，累计各段的高差，总和就是开封和泗州间"地势高下之实"。最终，他测得京都汴梁（今开封）上善门至泗州城（今盱眙境内）之间地势高度相差"十九丈四尺八寸六分"，在对地势高度计算时，其单位竟精细到了寸分，为汴河的治理提供了科学依据。

沈括故居

水利名贤

沈 起

海门筑堤兴水利

沈起（1017—1088年），字兴宗，北宋明州鄞县（今浙江宁波鄞州区）人，调任滁州判官，同时监真州（今扬州仪征）转般仓（调运漕粮的仓库），后升任海门知县。他因在海门筑海堤治水患，施良政惠及百姓，得到包拯举荐，王安石也写记作诗称颂他。

北宋至和元年（1054年），在海门任知县的沈起，见海门滨江、靠海，地势低下，海潮、江水常常为患，农田房屋被淹，百姓流离失所，因此决心学习前人的做法，"筑堤挡潮"。海堤自东布洲吕四东南廖角嘴修至通州大陆间，西接范公堤（今通州市境内）。为筑好海堤，他在堤址的选择上"移堤势而西，稍避其冲"，即堤址离潮水距离较远，潮水到时势力减弱，增加了海堤的安全性。他亲自查勘，确定堤线，带领随从挨户采访，谋求良策，经过不懈努力，修成从吕四到余庆七十里海堤，屏障余庆、吕四场。海堤的构筑，保护了海门万顷良田不受海潮浸扰，保证了大批盐民开灶煮盐。他在筑海堤的基础上，

沈起与百姓

还加大农田水利建设，对海门境内原有的河道进行疏浚，防止河道淤塞，增加蓄水和通航能力，减少内涝及水灾的发生。并且，他按照有利于农田灌溉和排涝的原则，带领民众加大对沟渠、民沟的开挖，引进江水灌溉农田，增加粮食产量，提高百姓收入。

  沈起在海门的治水业绩，很快传至各地，御史中丞包拯认为他是国家栋梁之材，推荐他为监察御史。王安石专门撰写《海门县沈兴宗兴水利记》，记录了沈起在海门的治水政绩，并赞扬他是真心实意爱护百姓且想方设法让百姓得到实惠。老百姓专门立生祠歌颂他，还把他主持修筑的海堤称为"沈公堤"。该堤遗址至今尚存，位于今海门市王浩镇（即岸头镇）南二里处，在王浩镇北盐家川，王浩乡十一大队至十二大队分界处尚有比周围地面略高的残丘。

水利名贤

王安石

颁布我国首部完整的农田水利法

　　王安石（1021—1086年），字介甫，号半山，抚州临川（今江西抚州）人，官至宰相，是北宋著名的政治家、改革家、文学家和思想家。王安石从小随在江宁府任职的父亲居住在江宁（今南京），北宋治平四年（1067年），第一次任江宁知府。北宋熙宁七年（1074年）八月，王安石第一次罢相，被贬为江宁知府。熙宁九年（1076年）十月，王安石第二次罢相，任职江宁府通判，这次他在江宁居住的时间较长，直到病逝。今南京有王安石故居"半山园"。

　　北宋嘉祐二年（1057年），王安石出任常州知州时，为开拓运河，亲自调查研究，确定开掘方位，并令各县抽调民力合作施工。但该工程因遭权贵反对，阻力巨大而被迫停止。事后，王安石总结工程失败的原因，认为是"诸贤无意"所致。由此可见王安石对治水是十分用心的。

　　熙宁二年（1069年），王安石任参知政事，次年拜相，以"天变不足畏，祖宗不足法，人言不足恤"的精神推行新法，历时约十六年。为官期间，他十分重视兴修水利，并将之视作"为天下理财"的途径，积极修筑堤堰，浚治陂塘，使水陆交通得到方便。在变法期间，他制定了发展农

王安石像

业的各种新法，其中《农田水利法》又称《农田水利约束》，是我国第一部比较完整的农田水利法。该法鼓励开荒垦田，兴修水利；规定州县报修的工程，应做详细调查，并绘制成图；规定了组织人力物力兴建工程的具体办法。该法实施后，大大调动了全国人民兴修水利的积极性，形成了"四方争言农田水利，古堰陂塘，悉务兴复"的喜人景象，主要表现在垦田面积扩大、土质改善、治水工具改进、水利著作出现、河流治理进步等方面。

王安石第二次任江宁知府时，见玄武湖淤塞已久，若弃置不用，十分可惜。熙宁八年（1075年）十一月，王安石给皇帝上奏《湖田疏》，建议在湖内开十字河，设四处斗门闸，排去湖水，改湖为田；水退之后，将湖田分济贫民耕种，发展生产。把玄武湖改成农田，在当时确实为平民百姓带来了一些好处。据《至正金陵新志》载，南宋淳祐十年（1250年），他拨后湖田七千余亩，创立义社，资助贫民及没有人扶养的老年人。到了明初修建城墙时，从军事防御的角度出发，恢复了玄武湖部分水面（约为原来的三分之一），但神策门至玄武门城墙一线以西的玄武湖旧迹，还是以耕种田地为主。

单 锷

三吴水利开始兴起的标志

单锷（1031—1110年），字季隐，北宋两浙路常州宜兴（今江苏省宜兴市）人，地理学家，北宋嘉祐四年（1059年）考取进士。他不愿做官，却独自致力于调研太湖流域的洪涝水患和水利形势，前后达三十余年。他常乘小舟遍访苏、常、湖三州水道进行考察。元祐四年（1089年），单锷著成《吴中水利书》，其中论述了他对治理太湖水患的主张。此外，他还有《阳羡风土记》和《荆溪集》等水利方面的研究成果。苏轼知杭州时，曾召见他谈论水利问题，单锷呈上了《吴中水利书》一卷，并做了详细说明。苏轼十分赏识他的水利思想，并实录其书，觐献于朝廷。

在单锷所处的时代，太湖流域水患严重的状况，已长达五十余年。有人认为这是天数，不可治理；有人虽然探求治水之策，但不得要领，找不到水患的根源。单锷研究太湖流域的水利形势，不停留于对现象的描述上，而是注重对问题原因和规律的探讨。他分别论述了河道淤积的规律和一般原因，太湖水位变化的原因，以及影响运河水位变化的缘由等。他还注意到气候变化和人为因素对湖泊、河流水位的影响，在他的著作中多处讨论了影响运河水量变化的问题。

为了根治水患以利国利民，单锷数十年坚持调研太湖的水利条件，探索治水方策，较好地考虑了太湖全流域的情况。他认为，太湖是"吐纳众水"的吞吐性湖泊，上游的来水量、下游的去水量、太湖的容蓄量，这三者应是一个整体，不能偏废。他针对当时太湖"纳而不吐"的矛盾，提出上分、下排、内沟通的工程措施，达到减少来水、扩大去水、力求平衡的目的。为此，

单锷　三吴水利开始兴起的标志

他积极主张修建高淳五堰，以减少上游来水；开通宜兴西的夹苎干渎以绝西来之水不入太湖；主张浚拓江阴河港，凿通吴江堤岸，以拓宽太湖水的出路；修筑加固圩堤，疏排圩区积水，修复堰埭陂塘，以利保田垦殖。这些都对后世的治水防洪、农田水利和土地整治有参考价值。

单锷并不主张宋代流行的"废除堰闸以利于通航"的水利思路，而是积极建言修复堰埭，发挥其拦水、蓄水的功能。如熙宁元年（1068年）望亭闸重修后，正好遇上了熙宁八年（1075年）的特大干旱，运河枯涸，无锡知县焦千之按单锷的建议，利用运河堰闸，在梁溪河和将军堰用42管水车，抽太湖水进入城中直河（即大运河无锡段），五天五夜使运河水溢、舟楫通行，充分显示了运河堰闸的重要功能。

南宋范成大《吴郡志》和明清的许多书籍，都较高地评价了单锷的贡献。明朝永乐、正统年间，太湖地区两次兴修水利，都采用他的方策，疏浚了吴淞下游、吴江水门、宜兴百渎和常州孟渎，取得了成效，从而在实际应用上肯定了他的贡献。他的研究活动和成果、科研方法和工作作风，都表明北宋时期我国区域地理研究与水利建设已达到较高的科学水平。清代学者王铭在《常州武阳水利书》中，把单锷《吴中水利书》的问世看作是三吴水利兴起的主要标志。

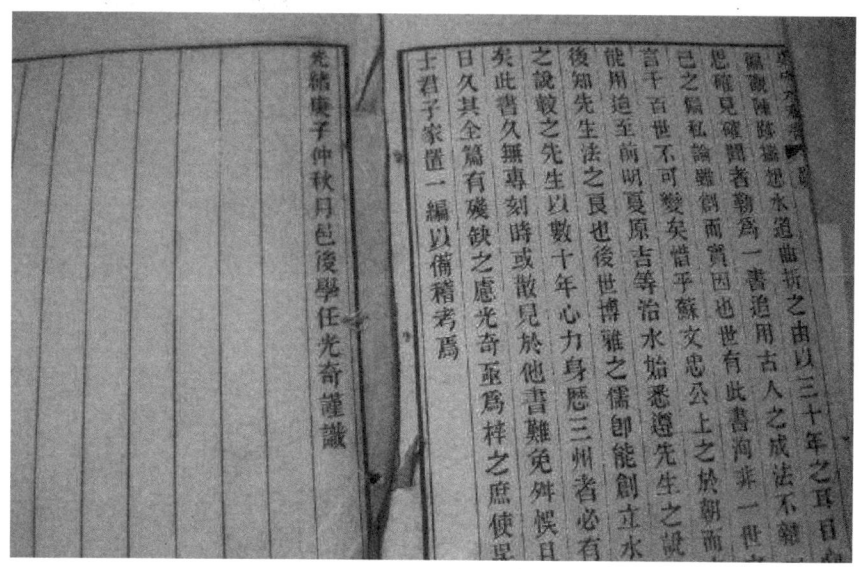

《吴中水利书》内页

水利名贤

苏 轼

徐州筑苏堤、起黄楼

苏轼（1037—1101年），字子瞻，号东坡居士，眉州眉山（今属四川省）人，北宋著名文学家、书法家、画家，嘉祐二年（1057年）进士，曾先后任徐州、颍州、扬州、杭州等地知州，黄州团练副使，朝中翰林承旨等职，官至礼部尚书。在不断经历变迁、流放期间，每到一地为官，他都会兴修造福一方的水利工程。在江苏境内，最有名的当属徐州的苏堤和黄楼了。

苏轼像

熙宁十年（1077年），苏轼在徐州任知州期间，正值黄河在澶州（今河南省境内）曹村决口南泛，夺泗入淮，滔滔洪水很快包围徐州城，古城墙到处漏水。城中人心惶惶，一些富户纷纷出城避水。为稳定人心，苏轼亲赴城门劝阻，安定民心。同时，他组织全城百姓一面用柴草堵塞洞穴，一面加固城防。苏轼亲自参与了防堵工程的筹划与计算，"自城中附城为长堤，壮其趾，长九百八十丈（约3 266.67米），高一丈（约3.3米），阔倍；公私船数百以风浪不敢行，分缆城下，以杀河之怒"，而完成这项工程需要数千人。无奈之下，苏轼连夜涉水赶往武卫营禁军，征得援手。在北宋时期，禁军由皇帝直接指挥，州官无权征调。卒长为苏轼的

奋不顾身所打动，慨然领命。苏轼身先士卒，经过七十多昼夜的连续奋战，筑成护城长堤，保护了全徐州城。洪水威胁徐州四十五天退去，黄河重归故道。百姓欢天喜地，感谢全城得救。

  水退后，苏轼对临时的堤防顾虑重重，为徐州日后的安全考虑，他立即赴城东北查勘荆山下的沟河，试图尽力筹划改造，兴建一座石头大堤。在给朝廷的奏章上，他附了详细的数字说明，请求拨款，却什么都没等到。于是，苏轼继续妥协、变通，他修改原定计划，以木堤代替石堤。次年二月，朝廷给苏轼下拨三万贯钱，一千八百石米粮，七千二百余人，在城东完成他的木堤计划。这一年，戏马台的危房霸王厅被拆除，木料用于黄楼防洪工程的建设。工程完成后，皇帝也对苏轼的成就颁圣旨嘉许。在外围城墙，苏轼建了一座一百尺高楼，以志纪念，因中国五行中黄代表土，土能克水，故名"黄楼"。后人为了缅怀苏轼，把他带领民众抢筑的长堤称为苏堤。

  在徐州任职的两年期间，苏轼在水利等多项事业上颇有建树，深受徐州人民的爱戴。宋元丰二年（1079年），苏轼在徐州任满赴湖州上任时，当地百姓从四面八方赶来为他送行，他们挽住苏轼的马头，献花祝酒，依依惜别，执泪相送。

郏亶、郏侨

吴中水利先驱

郏 亶

郏亶（1038—1103年），字正夫，苏州太仓（今江苏省太仓市）人，水利学家。

郏亶出身农家，北宋嘉祐二年（1057年）考取进士，授睦州（今浙江省淳安西南）团练（地方军事长官）。但他并未去上任，而是每天在野外考察河道、地形等水利形势，探究前人治水的遗迹。后他到广东安抚司任职。时值王安石变法，熙宁三年（1070年），朝廷诏书天下，征集理财省费、兴利除害的良策，郏亶立即从广东上书《苏州水利六失六得》，受到宰相王安石赞赏。后他又上书《治田利害七事》，朝廷诏令有关部门加以研究。熙宁五年（1072年），他任司农寺丞（相当于农业部长助理），负责兴修两浙水利，次年因事被罢官。回到家乡后，郏亶继续研究治水治田方案，并在自己居所西边名叫"大泗骧"的地方进行试验。他按照自己以往上书的办法修建圩岸，开沟耕种，最后收到了良好效果。于是，他以事实再次向朝廷申诉，终获认可，被复召为司农寺丞，后升为江东转运判官，以后又升为太府寺丞。

郏亶著有《吴门水利书》四卷，俗称《郏亶书》，他还绘制了水利图件，已失传。现存著作有《郏亶书二篇》，即其两次奏书——《苏州水利六失六得》与《治田利害七事》。为更好地总结前人的治水经验，他实地考察了太湖地

郏亶像

区治水的历史，考察河流达 260 多条，他从地域差异和地形特点等方面对江苏苏南区域的水利进行了分析，提出要根据不同地形特点和水文条件，因地制宜兴修农田水利，主张疏浚与筑堤相结合，尽可能让低田的水流入吴淞江，而使江流湍急，这样既可冲刷河床，又可加速排水。他研究了苏州各地区的差异性和特点，总结了前人治水的经验教训，指出治水必须"辨地形高下之殊，求古人蓄泄之迹"等；他赞赏唐代的治水方策及其创建的"塘浦圩田"，主张先做塘浦圩岸用于挡水和引水，然后再疏浚太湖下游入海水道，把水排泄入海；他还论述了气象气候变化的作用，提出在水利建设上要预防异常的大水、大旱；他提出苏州土地利用的规划设想，体现了适应社会多种用地需求的原则，并突出了耕地的重要性。

郏亶密切联系水利建设实际，认真调查研究苏州地区和太湖的地理特点，总结太湖地区的治水历史和水利方策，不仅受到了北宋政府的重视，而且得到了后世的赞扬。

郏 侨

郏侨，生卒年不详，为郏亶之子，字子高，又字乔，任职将仕郎。受其父及社会的影响，他重视对太湖流域的水利研究，著有水利书四卷，俗称《郏侨书》。此外，另有著作《警悟集》行世。从《郏侨书》的内容分析，可看出他继承和发展了郏亶的学说。

在研究区域差异性问题上，他继承了其父的学说：一是论述了苏州邻近数郡的地形、水系特点和差异性；二是论述了太湖流域平江府（今苏州市）五县湖泊的特点和差异性。他也很重视地理要素间的相互作用及对其因果关系的探讨。他不仅记载了流注太湖的上游水源及其流经之地，而且注意到山地河流的水文特点，并从水利设施的历史沿革着眼，讨论了由天然河流与人工渠道组成的太湖水系的特点和变化，肯定了历史上改造水利环境与水利建设的成就。

郏侨像

郏侨研究太湖流域的水利特点和一些内在规律，紧密联系现实的水利建设，总结出太湖流域的治水方策，主张减少太湖上游的来水，在下游开辟吴江塘路，开辟吴淞江，多置桥梁以通畅湖水出路。他的治水方策已考虑到太湖流域上、中、下游之间的相互关系，考虑到旱涝年份与平常年份的水文、气象的差异性，注意到江、河、湖、海之间的相互影响，采取了因地制宜的分流、拦蓄、疏导及防淤等措施，避免了只顾"下游疏导"等的片面性，因而具有较高的科学性。他的著作《郏侨书》得到了当世和后世的重视，他也常与其父郏亶一起被推介，载于方志和水利等多种类型著作中。

任建中、狄遵礼

筑南通江堤与海堤

南通地区成陆较晚，位于长江和大海交汇之地，早年没有捍海堰和江堤等挡潮设施。随着地域开发的不断加快，江潮、海潮不断入侵，常常造成重大损失。

任建中

北宋宝元元年（1038年），任建中（生卒年不详）在主政通州（今南通）期间，在州城西面五里处主持修筑了江堤，用来抵挡江潮，堤长约二十里，高一丈多。自此江潮不再威胁州城的安全，为了纪念任建中的功绩，人们将这条堤防称为"任公堤"，这是南通境内最早的江堤。

狄遵礼

狄遵礼（生卒年不详），字子安，北宋时期漳州长沙（今湖南长沙）人，庆历元年至庆历五年（1041—1045年）任通州知县，他在任内修筑了捍海堰，捍海堰西北起自通州石港，经西亭、金沙，向东到余西一线，人称"狄堤"，是南通最早的海堤。

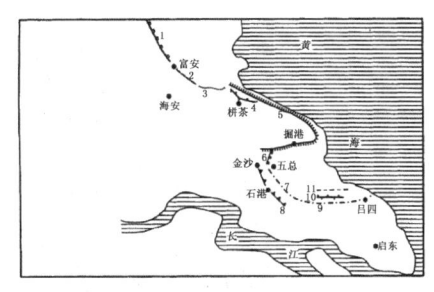

南通地区古海塘分布图

嵇 安

兴修水利创"疏决法"

嵇安（1189—1262年），字宽济，安东（今淮安涟水）人，南宋沿海巡检史。当时，涟水地处宋金分界处，战乱频繁，民不聊生。于是，嵇安聚集义兵，建立堡栅，保卫乡里。后南宋对其委以淮东制置使，又授以沿海巡检使，令其统领义兵，外御敌侵。

嵇安在任淮东沿海巡检使时，十分重视水利建设。涟水临近大海，从前有积水陂塘可以灌溉，而每年大水又漫溢近岸农田，如果陂塘里的水泄空，全境都会失掉灌溉之利，也谈不上防外水。于是，他亲自勘察涟水地势，筹划疆界水道，制订了兴办境内水利的方案，并提交给州官得以实施。他在涟水境内增设堤坝64处，并采用"疏决法"，用陶甓砌成大圆筒（类今涵洞），埋在堤坝下面。每逢干旱时，就输水进入田中；如果遇到连天大雨，则导水入河，取得了较好的水利成效。

南宋嘉熙四年（1240年），江浙干旱歉收，灾害波及淮河两岸，而涟水则由于有陂塘灌溉而获得丰收，于是，众多饥民纷至涟水讨饭。为救助饥民，他倾尽家财，换取豪门富户的粮食进行施粥，救活的人不计其数。后人感其恩德，立碑纪念。嵇安墓现仍存于江苏涟水南集镇石碑庄，保存较好。

江苏涟水境内的嵇安墓

五、明代时期

水利名贤

李 新

开凿溧水胭脂河

李新（？—1395年），濠州（今安徽凤阳）人，明朝开国将领，元末参加朱元璋起义军，因战功显赫，被任命为中军都督府佥事。明洪武十五年（1382年），他因营建孝陵有功，被封为崇山侯。

明朝定都南京后，浙东、浙西和苏南等地赋税运输任务繁重。其线路一是自江南运河运至丹阳，再由陆地运至南京，转输艰难；二是沿大江溯流而上，"风涛之险，覆溺甚多"。洪武二十六年（1393年），朱元璋为改善两浙地区的漕运航线，命已经还乡的李新监督有关部门在溧水开凿胭脂河，使得两浙、苏南水运可由太湖直达南京。

胭脂河全长7.5公里，中间有4.5公里为切胭脂岗的河段。山岗由砂岩、砾岩和部分页岩组成，开深30多米，底宽10多米。当时尚无爆破手段，李新便采用"火烧水激"的传统工艺，利用热胀冷缩的原理，"烧棘炼石，破块成河"。具体方法是先在岩上凿缝，嵌入麻丝，浇以桐油后，点燃使石热，再泼上凉水，热胀冷缩使

胭脂河（南京溧水）

李新　开凿溧水胭脂河

得岩石破裂，撬下石块后，从河谷提升二三米后运至数十米外。当地传说，胭脂河的得名就是源自这些烧红的岩石。河道上预留巨石平面为桥，中间凿石孔十余丈，便于船只通行，故名"天生桥"。原有南北二桥，现存北桥，桥长34米，宽8～9米，桥顶石厚8.9米，桥面高程35米。整个工程十分浩大，参加工程的民工死去的达万人。洪武二十八年（1395年），工程竣工。胭脂河沟通了秦淮河、水阳江两大水系，既解决了漕运的困难，又为商贾民旅带来方便。胭脂河蜿蜒于重岗叠阜之间，两岸峭壁高耸，故有"小三峡"之誉和"凝脂沉霞"的说法。

天生桥（南京溧水）

然而，胭脂河完成仅一年，李新就被诛杀了。据明人韩邦宪写的《广通镇坝考》称，胭脂河工程本来很容易凿通，但当地有一个大户严氏担心凿河工程会让他家的田地受损失，于是派美女贿赂李新，因此更改了原来的河道线路，李新因此获罪被杀，这当然只是一种传说罢了。

水利名贤

柏丛桂

建言里运河河湖分隔工程

明代初年，漕船由江达淮，要在邵伯、甓社、界首、氾光、白马诸湖中行走，本非河道，专取诸湖之水，故谓之湖漕。一旦遇上大风大雨，往来船只常有倾覆的危险，"千舟半渡，一风而尽，浮尸无数，惨不忍睹"的事故时有发生，河道和漕运官员却对此束手无策，淮扬运河被视作畏途，从宝应槐楼至高邮界首一段尤其危险。

柏丛桂，江苏宝应人，生卒年不详，明代初年著名治水人物，历代各种史料都称他为"宝应老人"。《漕河图志（卷三）》说："宝应县浅铺九，每铺老人一名，塘长一名，夫不等，共四百四十三名。"由此来看，身为"老人"的柏丛桂，大约是最基层的河道管理官员，手底下有几十号人，负责巡堤浚河等事宜。他根据自己数十年的河工经验和实地考察的结果，提出"必有重堤，左右翼夹，与湖隔离，运道乃安"的治河主张，即在湖堤之东修筑运堤，实现河湖分离。当时的河道官员采纳了他的意见，并且积极付诸实施。史书上说，洪武二十八年（1395年），根据宝应老人柏丛桂建议，开宝应直渠，自宝应槐楼至界首，长四十里，并筑堤，长为渠同，引水于内行舟，为淮扬运河有重堤之始。此后，里运河因为有东西二堤与湖隔开，船在二堤中航行，船舶果然少了风浪之险。为了纪念柏丛桂，当地人称这段新筑的堤为"柏氏堰"。

京杭大运河宝应段

陈嵩九

修建胥河东坝与广通镇闸

陈嵩九（1349—1447年），又名天民，字国宾，号濑隐，明代溧阳戴埠陈家村人，是一位研究经史之学、终身不仕的乡绅。青年时期的他以"位卑未敢忘忧国"的精神，历经磨难，呕心沥血，成就了一件功在当代、利在千秋的水利工程——修筑东坝。

明定都金陵（今南京）后，太湖流域和钱塘江地区的漕粮赋税经胥河运往都城南京。胥河浚深后，安徽宣、歙一带的山水汹涌东注，溧阳圩乡频遭水灾。陈嵩九关心人民疾苦，不畏艰难，跋山涉水，经多年实地考察，确定胥河是圩乡水患的一大根源，每年春秋遇到洪水就会泛滥成灾，堤防毁坏，庄稼遭殃，百姓流离失所。洪武十三年（1380年），他向朝迁上疏，建议在胥河上游修筑东坝，阻止洪水东下，遭到地方主政官员的阻拦，太湖流域水灾愈演愈烈。"为上利于国，下利于民"，他在洪武二十三年（1390年）再次上疏，请求准许会同地方主政官员，依据地区的地理环境和条件，在宣州和溧水县交界的地方，建筑堤防，使苏州、淞江一带，免除淹没之患，并且他坚决表示：假如真像地方主管官员所议论的那样，"徒费工力，不能成功"，愿受"寸斩以谢欺君之罪"，家族百余口人愿意被罚往广西南丹卫充军。明太祖朱元璋看完奏疏后，十分赞赏其胆识，命令地方主管官员与陈嵩九共同负责建设好这项工程，由地方主管部门供应工程的物资与人工的给养。陈嵩九反复查看水情、实地勘察现场，悉心设计，最终将东坝选址定在固城下方，征用民工40万，耗时6个月，于洪武二十五年（1392年）正月完工。建成的坝长十二丈（约40米），顶宽一丈二（约4米），高六丈（约20米）。

水利名贤

胥河东坝段全景观

陈嵩九又令人在今东坝附近建造石闸（即广通镇闸），既可维护通航，又能节制洪水下泄。东坝筑成，造福一方。就溧阳境内，大片荡、滆（如升平荡、三塔荡、南渡荡、前马荡、溧阳滆、沙涨滆等）水退地出，成就了万顷良田。不仅如此，东坝的修筑有效地解除了溧阳、宜兴一带的水患，更解除了年年悬挂在江、浙、沪一带的长江水患。为奖励他的功绩，朝廷拟赐他官职，但他坚辞不受，极力表明自己没有其他要求，仅希望在坝侧立块记事石碑。可惜这块记载他的姓名与事迹的石碑，现在已经找不到了。

陈 瑄

"德缵禹功"的明代治水专家

陈瑄（1365—1433年），字彦纯，今安徽合肥人，出生于军旅世家，元末率兵投靠朱元璋，不仅精通兵法，还擅长骑射。明洪武年间，他屡次出征西南，军功累累，被任命为四川行都司都指挥同知。建文末年，陈瑄又被任命为右军都督佥事。成祖即位后，封他为平江伯。永乐元年（1403年）任总兵，总督海运。明永乐十三年（1415年），大运河畅通后，他转而总理漕河与漕务，兼镇守淮安。明宣德八年（1433年）卒于任上，享年69岁。陈瑄掌漕运近30年，重视改善运道，对漕运管理有一定建树，是明代著名的漕运专家。

陈瑄像

陈瑄总理漕运期间，先是于永乐二年（1404年），在淮安修建义、礼、智、信四坝，连同原来的仁字坝，合称淮安五坝。永乐九年（1411年），陈瑄负责实施会通河的开凿以及大运河的疏浚事宜。他以淮安为中心，开展了疏浚南北两段大运河的工程，解决了许多工程技术上的难题，做出了重要的贡献。永乐十三年（1415年），陈瑄"用故老言"，并通过实地勘查走访，决定自淮安城西管家湖，凿渠二十里，为清江浦，把湖水引至鸭陈口入淮河，并由北向南依次修建新庄（清河县）、福兴、清江和移风（山阳县）四闸，每闸相距十里左右。永乐十五年（1417年），又在移风闸南二里处建板闸（初为木闸，后改石砌）一座，五闸联合使用，调节水位。此后，漕船可直入黄河，节省了大量人力物力。清江浦开凿后，一直沿用了近六百年。

水利名贤

督浚运河期间，他在高邮段堤内凿渠四十余里，两次对新开湖东堤进行了较大规模的增筑，使行船避开了湖中的风浪威胁，提高了运河的运输能力。同时，在运河通江的北岸河口的

陈瑄所建的清江大闸今状

瓜洲运口，陈瑄除疏浚通坝河道外，又在河道临江处设置了减水闸两座。这在当时的技术条件下，称得上是一个比较科学与完善的通航枢纽。后他又于永乐十三年（1415年）和洪熙元年（1425年），动员镇江、扬州、常州、仪征等地数万人，对瓜洲坝河道进行了浚治。在白塔河运口（江都境内），陈瑄于宣德六年（1431年）开凿白塔河，设置新开、大桥、潘家、江口四闸，使从江南过来的船舶进入白塔河经湾头（扬州郊区）入运河，避免了瓜洲运口盘坝的劳费。在仪征运口，他也采取了相同的措施，既保证了运河穿江的通畅，又保证了运河水量的适度调节。

此外，陈瑄还解决了徐州因"徐、吕二洪"而影响运河北上的问题。为了打通运河北上的渠道，陈瑄把治理"徐、吕二洪"作为一项重要工程来抓。他积极组织人力凿滩，整治"二洪"，于宣德初年（1426年）和宣德七年（1432年），在吕梁洪旧河两岸凿渠，在渠上建闸两座，既治服了水患，又方便了运输。

陈瑄不仅是一个杰出的水利工程专家，也是一个出色的水利管理专家。他在抓"治"的同时，还强化了"管"的工作，先后建立了专职的管理队伍，严密的传汛制度、用水管理制度、航运管理制度等。《明史》对其称赞："凡所规划，精密宏远""举无遗策"。明正德十年（1515年），即陈瑄死后八十余年，明武宗念其世代治水功业，又御赐匾式"德缵禹功"，称赞他继承了大禹治水的功德。

清江浦沿岸人民，念陈瑄治运功勋卓著，于明正统六年（1441年）在清江浦南岸建陈公祠以纪念这位治运功臣。明宣德八年（1433年）和弘治七年（1494年）圣谕祭祀碑两道，碑额云龙，两碑均立于祠内，但因年代久远，字迹漫漶，不可通读。

夏原吉

明初治水江南的三朝户部尚书

夏原吉（1366—1430年），字维哲（又作维喆），今湖南省湘阴人，明初重臣，官至尚书。宣德五年（1430年）去世，享年65岁。夏原吉一生事功最为显著的就是治水江南。

永乐元年（1403年），苏州、松江两府因河道淤塞，逢雨成灾，夏原吉奉命治水。通过实地考察后，他得知苏、松、常、嘉、湖诸州地势低洼，水患频年，更兼浦港淤塞，江流涨溢，庄稼时遭淹没之害，其中尤以吴淞江淤塞为甚。对此，他主张"浚吴淞江南北两岸安亭等浦港，以引太湖诸水入刘家、白茆二港，使直注江海"，并根据地势，设置石闸，确保泄洪。他认为治水的关键是疏浚下游河道，使洪水畅流入海。为此，夏原吉制定了三项治水计划。

一是采用元周文英的主张，利用当时已经相当深广的浏家河，由夏驾浦等导吴淞江水经浏河出海，即"掣淞入浏"。主要工程是疏浚吴淞江北岸支流夏驾浦、顾浦等，顺水势开辟一条吴淞江折向东北的排洪出路。

二是拓浚范家浜，上接大黄浦，下至南跄浦口，使淀山湖水东泄多一条出海通道，这是夏原吉治水计划的重要组成部分。今天的黄浦江就是由他开挖范家浜而逐步发展起来的，后成为太湖流域排泄洪涝的最大通道，对太湖

夏原吉像

水利名贤

水利有着重要的作用。

三是普浚支河港浦，以利调泄灌溉。当时集中了十多万人进行施工，工程自永乐元年（1403年）开始，到次年九月完工。主要工程包括：疏浚吴淞江从吴江长桥至夏驾浦段，长一百二十余里；挑浚顾浦、安亭、千墩等浦，南引吴淞江水，北经刘家港入海，"掣淞入浏"；疏浚白卯塘、刘家河、大黄浦等河道，"掣淞入浦"，从而改变了太湖下游泄水道的基本格局。

夏原吉雕像

夏原吉在施工时以身作则，布衣麻服吃住在工地，亲自督工。旁人劝他注意休息，他却答道："民工都在辛苦，我怎能独享安逸？"大家听了非常感动，工程进度大大提速。他的治水计划打破了"《禹贡》治水遗迹"神圣不可违背的思想框框，因地制宜，实事求是，全面考虑，统筹兼顾，提出了创新的治理措施。后人为纪念他的功绩，曾将夏驾浦改名为"尚书浦"，评价他"功当不在禹下"。

金 纯

治理会通河与黄河运道

金纯（？—1440年），字惟一，号德修，明泗州应山集（今泗洪县龙集乡应山村）人，明太祖洪武二十五年（1392年）贡入太学，后授吏部文选司郎中，次年出任江西布政司右参政，成祖永乐元年（1403年）迁刑部右侍郎。八年（1410年）永乐帝领兵北征，金纯为其身边高级幕僚，因参议战事有功，擢升刑部左侍郎。翌年，金纯与工部尚书宋礼及徐亨、蒋廷瓒等人，共同负责治理会通河与黄河运道。他们经多次实地勘察，风餐露宿，并采纳山东汶上县白英老人建议：筑坝遏水，分流济运，建闸节水。历时半年余，两河工程告竣，遂使洪灾减轻，在开封府大禹庙中设置金纯配享。山东汶上县百姓集资建宋礼、金纯祠，以表达对他的怀念。永乐十九年（1421年），金纯奉命巡抚四川，考核、审查、严惩贪官污吏，为民除害澄冤。永乐帝在位期间，曾提出封赠金氏子孙官爵，金纯坚辞不受。

宣德三年（1428年），金纯积劳成疾，宣宗帝亲令御医登门医治，并免其上朝参拜。金纯因不满朝政腐败，病愈后常与同僚借酒浇愁。宣宗帝听信谗言，以为"纯以疾不朝而燕于私"，即令锦衣卫捕其入狱，后念老臣份上获释，令保留太子宾客一职。同年八月，金纯告病辞官归里。英宗正统五年（1440年），金纯病逝，葬于应山集，追封"山阳伯"。现其墓犹存。

周 忱

开发芙蓉圩，修闸浚河

周忱（1381—1453年），字恂如，江西吉水人，明永乐二年（1404年）进士，官至工部尚书。周忱善理财，在江南为官期间，他"理财赋、平冤狱、兴水利、治河塘、重农耕，凡有利于民生者皆勉力为之"，其中成效最显著的当属芙蓉圩的整治工程。传世著作有《双崖集》等。

周忱像

宣德五年（1430年），周忱作为江南巡抚，总督税粮。他到任时，正值吴中水利失修、水旱灾害频仍之际，仅苏州一府，累欠赋税就达800万石。周忱的工作就从减免赋税和兴修水利入手。首先，他主持治理了芙蓉湖水利设施，开发了"芙蓉圩"。芙蓉湖地跨今江苏境内的无锡、常州、江阴交界处，南北80里，面积15 300顷。周忱遍视芙蓉湖周围地区，查看灾民生活惨景，认真总结前人经验，采用北宋单锷《吴中水利书》中提出的主张，立足三吴全局，对芙蓉湖进行通盘治理。他令人上筑"鲁阳五堰"（在今高淳县境内），以捍上游来水；开拓江阴黄田诸港，以泄下流。周忱又采取以工代赈的办法发动湖民筑堤开河，围圩成田，其中，芙蓉湖被围成东西两处，西湖称"芙蓉圩"，得到田地约20 000亩；东湖称"杨家圩"，得到田地4.7万亩，分属无锡、武进、江阴。在此期间，他还主持拓浚九曲河，建陈家桥石闸及嘉山石闸二处。宣德八年（1433年）九月，周忱支持常州郡守莫愚建孟渎河闸，用来沟通东南漕运，且可灌溉两岸近旁农田数千顷。由于周忱的倡导和无锡、武进、江

周忱　开发芙蓉圩，修闸浚河

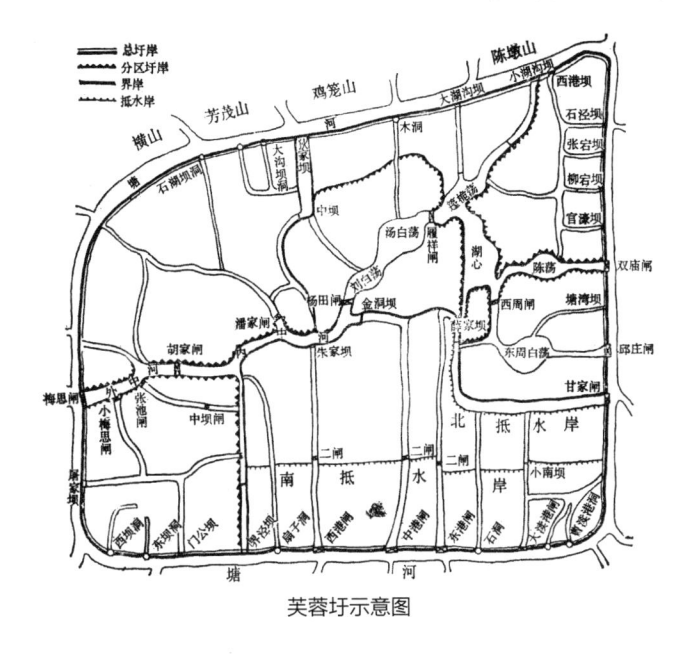

芙蓉圩示意图

阴三县湖民的奋力垦殖，终于解决了芙蓉、马家两湖水患，使"洪波为乐土，弃地为膏壤"，每亩年收粮"一钟"（即640升）。

正统元年（1436年），周忱协同莫愚在江阴重建黄田、蔡泾两闸。为减轻百姓负担，他将自己来江南后的积蓄作为购买修闸所用材料的资金，使黄田港闸只用了两个多月就建成了。水闸分日启闭，调节水流。为防江潮挟带的泥沙壅塞运河，他又派人制作了双橹刷沙快船，在船尾绑上铁扫帚，趁潮落时在河中棹船急行，沙随潮去，有效地治理了泥沙沉积河底的弊病，而且节省了疏浚费用。此外，周忱还疏浚了吴淞江、五泻河等江河，为江南综合治水做出了贡献。正统七年（1442年）遇到大水，周忱下令增修低圩堤岸，同时疏浚金山卫、独树营、刘家港、白茆塘等沿海各河，通畅容易堵塞的河段，很好地消除了水患，并在灾后专设济农仓以防灾。

《漕河图志》中的《瓜洲西津渡重建马头石堤记》记叙了周忱在瓜洲的一段非常感人的佳话。瓜洲渡是东西要津，凡两浙、粤、闽进京的必经之地，京口（今镇江）以贩卖为生的人毕集瓜洲，旦至暮还，从不间断，由于江边宽阔，风涛莫测，靠近江边的趋利之徒，用小船摆渡过江济运，江中遇风波覆溺者年以百计，呼喊求救者每天都有。宣德八年（1433年），周忱巡抚江淮，经过瓜洲，对此深为关切，召集工匠，筹集材料，建大船两艘，每艘载客500人，挑选善于操船者40人为渡工，那些小船趋利之徒自离去。十多年无一人溺水，周忱功莫大焉。瓜洲人在他的感召下于正统十年（1445年）修复石堤码头。周忱知道后给以资金，在周忱的带动下，扬州知府、江都县官员各捐俸资，以补不足。正统十一年（1446年）完工，往来行人再也用不着解衣光脚，免去江滩烂泥之苦，众皆欢呼称便。周忱任江南巡抚期间，常沿苏南河道巡视水利，对苏南的河道基本上进行了一次梳理，保持了河道通畅。他在江南二十年，与吏、民相处如家人，每至一个村落，常支开随从，与农夫从容谈心，询问疾苦，商榷处置，"匹马往来，见者几忘其为巡抚也"，是旧时不多见的官员。他去世后，江南民众为纪念他的治水功绩，分别在青阳、双庙、前洲、惠山、马迹山等地建造周忱庙或周文襄公祠以示纪念。

刘天和

明代治河专家

刘天和（1479—1546年），字养和，号松石，湖广麻城（今湖北麻城）罗铺锁口河人，曾先后任南京礼部主事、金坛县丞、湖州知府、陕西巡抚、工部侍郎、兵部尚书等职。不仅如此，刘天和还是明代治水名臣，在治河理论和治河实践上均有独到的建树。

在任职金坛县丞期间，他深察民情，治理水害。正德十一年（1516年），他厘定建昌圩内蓄水位，修建潭头闸。次年，他又深入农村，说服民众将14个小埠合并成都圩埠（今大荡圩），并筑堤建闸控制水位。他还著有《建昌圩闸记》《都圩埠记》。

嘉靖元年（1522年），刘天和以都察院右副都御史总理河道。就任不久，黄河就从赵皮寨决口，侵占了淮河水道，使得谷亭段淤积断流，运河河道受阻。刘天和征调民夫14万人疏浚河道。疏浚工程还没有奏效，黄河又从夏邑大丘、回村等集冲数口转向东北，流经萧县，下徐州小浮桥。为研究治河对策，他亲自沿河勘察，并分遣下属沿流而下进行考察，直抵出运河之口，逐段

刘天和雕像

测量河道的深浅广狭，提出黄河自鱼台、沛县冲入漕河，导致运道淤塞，建议疏浚鲁桥至徐州二百余里河道。嘉靖十四年（1535年）春，刘天和主持了对黄河、运河的一次全面治理，"计浚河三万四千七百九十丈，筑长堤、缕水堤一万二千四百丈，修闸座一十有五、顺水坝八，植柳二百八十余万株"。工程完成后，"运道复通，万艘毕达"，效果显著。刘天和治河在疏浚河、运淤积，修筑堤防，加强工程管理等方面，因地制宜采取各种不同措施。他主张"筑缕水堤以防冲决，置顺水坝以防漫流""施植柳六法，以护堤岸""浚月河以备霖潦，建减水闸以司蓄泄"，并制定了比较严密的防护措施。值得一提的是，他在治水实践中创制的测定河水中泥沙数量的"手制乘沙采样等器"，使人们开始积累原始水文知识，为水利史学界所称道。

嘉靖十五年（1536年），刘天和著成水利专著《问水集》，全面系统地论述了黄、运河道及其治理，同时对黄河演变概况及河道变迁原因等也有较详细的记载，并且较全面地总结了前人河防施工和管理的经验，是明代中后期的重要治黄著作。傅泽洪赞扬《问水集》"莫不切于水，详于治"，特别强调"其历久可行者，尤善于六柳之法焉"。

沈 启

撰成《吴中水考》

沈启（1490—1563年），字子由，号江村，南直隶苏州府吴江（今苏州市吴江区）人，官至湖广按察司副使，自小博览群书，兴趣广泛，钻研"四书五经"，精通阴阳五行，懂历律数学，对水利事业更是爱好。嘉靖三十二年（1553年），他因不畏权贵，得罪上司，被罢官回归乡里。自此，他以著书为乐，尤其注重水利方面的研究。

吴江地处太湖之滨，地势低洼，是有名的洪水走廊，百姓收成如何与水利关系密切。沈启告老还乡后目睹其状，

沈启像

决心以有生之年，化水患为水利，为民造福，于是开始了对吴江水系的全面考察。他不顾年高，不分冬暑，身背干粮，脚穿草履，手拄木杖，长途跋涉在太湖之滨，或测量水位的深度，或观察水蚀的情况，或寻找古人治水的遗迹，常常一走就是数十天。沿太湖二百多个湖荡，上千条河流，都留下了他的足迹和汗水。一次，他为了准确地测量水的深度，不慎落水，被激流冲走几十米，差一点送了性命。

经过长期的考察和精心的研究，他终于在嘉靖四十三年（1564年）撰成

水利专著——《吴中水考》，全书分五卷：第一卷含水图考、水道考、水源考等三章；第二卷含水官考、水则考、水年考、堤水岸式、水蚀考、水治考、水栅考等七章；第三卷、第四卷、第五卷均为水议考，记载历代太湖治水名人的议论，其文体有奏疏、公移、上书等多种。该书成为记载太湖水利情况的重要文献，为后人治水提供了系统而丰富的资料。

归有光

编著《三吴水利录》

归有光（1507—1571年），字熙甫，号震川，又号项脊生，人称"震川先生"，苏州府太仓州昆山县（今江苏昆山）宣化里人，明代官员、散文家、著名古文家。嘉靖四十年（1561年）进士，官至南京太仆寺丞，故称"归太仆"。他著有《震川集》《三吴水利录》等，其中，《三吴水利录》体现了其独特的治水才能。

归有光虽为一介文人，但在水利方面的贡献颇大。他在治学的同时关注百姓水患之苦，"潜心先贤治水方略，遍访故家野老"，对吴中水利进行过深入的调查与研究，著有《水利论前》《水利论后》，又先后上书兵道熊桴、知府王仪及昆山知县彭富，阐述自己的治水观点。他在考察三江古迹后，认为太湖入海的道路只有吴淞江，而吴淞江狭窄，潮泥填淤，容易渐渐堙塞。他对吴中治水的基本主张是"专力于吴淞江"，让太湖水往东流，那么其余的支流治理就可以不费力气地完成。他认为，"独治淞江，则吴中必无白水之患，而从其旁引以溉田，无不治之田矣"。后来，海瑞以右佥都御史巡抚应天十府，兴修水利，主持疏通吴淞江时，采纳他的许多建议，很有成效。

归有光像

水利名贤

在水利论述中,归有光还对太湖水的处理做过评论,不同意拆除吴江塘路排泄太湖水的主张,提出"夫水为民之害,亦为民之利,就使太湖干枯,于民岂为利哉"的英明见解,这是从战略高度提出的有关太湖水资源利用的课题,对引申后人治理太湖时向引、蓄、排、泄全面考虑方面有所启迪。

江苏昆山震川园内的归有光雕像

海 瑞

以工代赈治吴淞

海瑞(1514—1587年),字汝贤,自号刚峰,琼山(今属海南省)人,明朝著名清官。隆庆三年(1569年)夏,海瑞升调右佥都御史(正四品),外放应天巡抚。辖区多为富庶的江南鱼米之乡。海瑞认为"东南民事,莫先于水利",此前太湖流域遭受大水灾,致使收成不好,至隆庆四年(1570年),春荒又严重,百姓纷纷要求赈济。海瑞勘察水灾原因,得知是吴淞江等水道淤塞,太湖排水严重受阻导致的,便上奏《开吴淞江疏》,指出:"自古以来三吴水利应当疏浚,使太湖水下泄入于海。娄江、东江是入海小道,唯有吴淞江尽泄太湖之水,由黄浦入海。"吴淞江的整治工程自隆庆四年(1570年)正月初三正式开工。海瑞命令苏州推官龙宗武、松江府同知黄成乐具体负责工程,自己则布袍缓带,冒雨冲风,往来于荒村野水之间,督促、检查水利工程的质量和进度。

海瑞像

在整治吴淞江工程中,海瑞采用了"以工代赈"的施工办法,他保留了苏、松、常三府漕粮二十万石,并拿出应天等十一府州县库存粮食,用来招募灾民实施水利工程。灾民既得到了赈济,解决了生活问题;工程又无须派工,解决了劳工紧缺的矛盾。海瑞亲自发放钱粮,不扣一厘。主动要求上工地的灾民源源不断,人数达十三万之多,劳动热情空前高涨,工程进展顺利,不到两月即告成功。

在吴淞江工程行将结束之时，海瑞又上奏《开白茆河疏》。白茆河是太湖另一泄水通道，位于常熟东北。它始自元末张士诚治吴时期，因天长日久无人整治，至明朝也已淤塞。海瑞提出乘"以工代赈"效果良好的时机，一并疏通白茆河，兴工之中，兼行赈济，一举两利。海瑞的奏疏很快得到朝廷批复，白茆河水利工程从二月动工，三月底即胜利完工，白茆河由原来宽仅四丈的小河被拓成宽至七丈的中等河流。

吴淞江和白茆河的成功整治，解除了当地的水患，促进了农业生产的发展。当时有民谣："要开吴淞江，须等海龙王。"民谣极言工程之难，但这项艰难的工程被海瑞成功地完成了，人们将海瑞看作是"海龙王"再世，于是"海龙王"的名字便远近传开了。太湖平原的人们用这个称谓表达他们对海瑞的感激和尊崇。此后两三年，太湖平原又遭大水袭击，但因湖水排泄通畅，并未造成水患。一直到清朝，吴淞江、白茆河水利工程依然发挥着重要作用，几百年来，吴中人民称颂"海巡抚之功不衰"。

万 恭

"束水攻沙"治河论的先驱

万恭（1515—1591年），字肃卿，江西南昌人，历任兵部侍郎、山西巡抚、右佥都御史、总理河道、提督军务等职，主持治理黄河、运河两年多。他著有《治水筌蹄》一书，首次提出了"筑堤束水，以水攻沙""只许浚河，不许加堤"等治河理论。

明成祖朱棣将都城迁至北京后，每年依靠漕河（今大运河）运输400万担漕粮至京师，漕运成了国家的命脉。其中，徐州至淮安之间540里黄河，是漕河的重要组成部分，历来是治理的重点。长期以来，朝廷一直把保漕运当作治黄的方针。但这段漕运通道的南面是朱家的皇陵和祖陵，为了护陵，朝廷又提出"首虑祖陵，次虑运道，再虑民生"的治黄方针，这使治黄任务变得更加艰巨和复杂。

隆庆六年（1572年）正月，万恭接替潘季驯主持治理黄河。就任后，适逢黄河在邳州决口，运道大受阻碍，他对黄河、运河做了实地考察，并倾听来自各方的意见和建议。其中虞城一名生员向万恭提出的"以河治河"的思想，给予他极大的启迪。他采纳了这一建议，并加以发挥，付诸实践。万恭认为黄河的特性是多沙，多沙是其常态。河水长期积滞不得疏通，必然会决堤，黄河决口则漕运不通。针对众多治水名人提出的"以人治河"和"以不治治之"的治河方针，万恭提出了"以河治河"的理论，即通过修筑堤防，约束河水走向，利用河水冲刷淤积泥沙，达到治河的目的。以此为指导，万恭一改"北堤南分"（即在黄河北面筑堤，南面分流入淮）的治水方针，大修徐州至邳州的河堤，北自磨脐沟一直到邳州直河，南自离林直至宿迁小河口，各延绵370里，"费

水利名贤

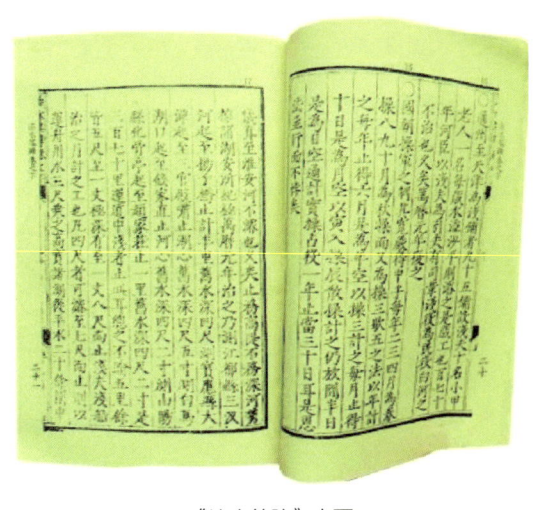

《治水筌蹄》内页

帑金三万，六十日而成"。同时他还组织力量修丰、沛大堤，筑兰阳县赵皮寨至虞城县凌家庄南堤290里，加强了黄河堤防。遗憾的是，万恭主持总理河道的时间太短，未能实现黄河大治的愿望。而后潘季驯继承他的事业，继续"坚筑堤防，纳水归一槽"，在明代后期终于使得黄河下游长期以固定的河槽奔流入海。

后来，万恭又主持运河的治理，首先治理的是南河（今里运河）。他针对运河存在的问题，在万历元年（1573年）先后实施了以下建议：一是恢复运河漕船之前底平、仓浅的制作方法，使漕船避免搁浅。二是修复淮南平水诸闸，万恭曾在仪征、江都、高邮、宝应、山阳的湖堤上兴建平水闸（即分水闸）23座，以蓄泄洪水。三是在清江浦改建天妃庙口石闸，用闸门控制黄水入运河，以免淤塞运口。四是在黄、运交汇处的徐州复建境山旧闸。五是在三汊河（今扬州的高旻寺）创造性地建吊桥如闸制（建扬子桥，桥口如闸制，以节束水），平分水流，以保仪河（今仪征境内的仪扬河）不被淤垫。此桥至清乾隆时才拆除，使用了近二百年。六是他提议恢复浅铺，加强对运河的管理。经过大规模、局部性的堤防修筑，黄河和运河暂时出现了"正河安流，运道大通"的局面，为了保持和巩固这来之不易的大好局面，万恭制定了一系列堤防修守制度。

万恭治河，注重对黄河水情的观察，针对黄河洪水多集中在夏秋两季的特点，他要求在伏秋大汛时，固守要害，布阵严防，争取防汛的主动权。为迅速传递水情，他还仿照"飞报边情"的办法，创立了从上游向下游传递洪水情报的制度。万恭十分重视河防的管理，并制定了许多明确的制度。他说："有堤无夫与无堤同，有夫无铺与无夫同。"他在徐、邳之间370里河堤上

"每里设三铺,每铺三夫。南岸以千字文编号,北岸以百家姓编号。各按所辖信地修守堤岸,浇灌树木。五月十五日上堤,九月十五日下堤。伏秋水发时,各守汛段严阵以待。如遇水决,则上下左右互助而塞之。每铺还竖立黄旗、灯笼各一,有险情时白日挂旗,夜晚挑灯。另配铜锣一面,鸣锣为号传报险情"。

在职期间,万恭认真总结了当时的治河实践经验,于万历元年(1573年)著成《治水筌蹄》一书,阐述了黄河、运河河道的演变和治理,收集总结了规划、施工及管理等方面的创造和经验。此书对后来黄河、运河的治理有很大影响,如潘季驯的《河防一览》、张伯行的《居济一得》等都曾继续和发展了它的主要经验和论证。在治理黄河方面,书中总结了当时人们对泥沙的认识和与其斗争的经验,首次提出了"束水攻沙"等理论和方法;还提出了滞洪拦沙,淤高滩地,稳定河槽的经验;对黄河暴涨暴落的特性也有进一步的认识和相应的防范措施等。

水利名贤

潘季驯

千古治黄第一人

潘季驯（1521—1595年），字时良，号印川，浙江乌程（今湖州市）人，是明代著名的治河专家，素有"千古治黄第一人"之誉。从嘉靖四十四年（1565年）始，至万历二十年（1592年）止，他先后四次出任总理河道都御史，治理黄河、运河达十年之久。他著有《河防一览》《两河经略》《两河管地》《河漕奏疏》等。

明嘉靖四十四年（1565年），黄河在徐州沛县决口，导致徐州地区一片汪洋，穿过沛县的京杭大运河被泥沙淤塞，南方物资无法运往北京。同年七月，潘季驯由大理寺左少卿提升为右佥都御史，总理河道，开始了他的治黄生涯。次年，他因为接浚留城旧河有功，被加封为右副都御史。可是因为父母去世，他不久就辞职回乡守孝了。

潘季驯像

隆庆四年（1570年），黄河在邳州、睢宁决口，"自睢宁白浪浅至宿迁小河口、淤百八十里"，朝廷再次任命潘季驯总理河道。上任后，潘季驯通过艰苦深入的调查，很快认识到"分流杀势"的方略是不可行的，因为黄河之害是洪水，而危害最烈的是水中之沙，"一斗河水六升沙"，泥沙淤塞河道，抬高河床，使河道失去容水能力，成为黄河与大运河一切灾难的罪魁祸首。在实践中，潘季驯发现：当河水穿越相对狭窄的河道奔流时，就会出现大浪淘沙"如汤沃雪"的现象。于是，他开始实践"以堤束水，束水攻沙，挽流

潘季驯绘《河防一览》局部

归槽"的治水思路。潘季驯在《议筑长堤疏》指出："必须筑近堤，以束河流，筑遥堤，以防溃决。长堤坚固，水则无处泄漏，沙随水走。"为此，他在黄河两岸筑起遥堤，遥堤就是防洪大堤，又宽又阔，遥遥相对，以防洪水溢出堤面，泛滥成灾。然后在遥堤中间筑缕堤，束水冲沙。"缕堤束水"就是建离河口较近的缕堤将河水束成一股急流，利用湍急的河水裹挟泥沙奔腾向前，沙随水走，不致沉淀。湍急的流水还可以冲刷河床，水流越急，河床冲得越深，容水的能力就越大。按照这一治河理论，潘季驯亲率军民日夜堵决固堤，动用人工五万，修堤四万余丈。后因遭人陷害，隆庆五年（1571年）十一月，潘季驯被削职为民。

万历四年（1576年）七月及次年八月，黄河又在徐州决口，淮河受黄河胁迫也发生决溢，并向南流去，致使河漕矛盾更加尖锐。明朝廷恢复了潘季驯的官职，至此，河漕事权合二为一。潘季驯第三次受命治理黄河，开始了大规模治理黄河与大运河的工程，采用"筑堤防溢、以堤束水、以水攻沙、蓄清刷黄"的治水理念，实施全新的治水方略，不挖新河，全面恢复黄河故道，以黄河之水冲刷黄河之沙，使黄河干流统一，"水归一槽"，黄河之水经河南兰考、商丘、江苏徐州、宿迁，直奔淮安市清河口，经淮河流入黄海。同时，为"护陵""保漕"，大规模修筑高家堰，蓄高洪泽湖水位，以七分清水冲刷清口的黄河泥沙,三分清水济运,保障了清口枢纽漕运的畅通和南河水的航运水源(该河至清代继续沿用至乾、嘉年间)。从万历七年(1579年)起至万历十五年(1587年),徐州附近一段运河,年年安澜。张居正闻讯,大喜过望,专门写信向潘季驯致贺:"此闻黄浦已塞,堤工渐浚。自南来者,皆报称工坚费省。数年沮洳,一旦膏壤,公之功不在禹下矣。"万历十二年(1584年)五月,潘季驯因打抱不平,力主"宽刑仁政",遭到了御史李植的陷害,七月十七日,潘季驯第二次削职为民,返回故乡。

明万历十五年(1587年)、十六年(1588年),黄河、沁河相继在开封、新乡一带决口,致使"黄水暴涨,冲入夏镇,毁坏田庐,居民多溺死"。万历十六年(1588年)五月十一日,潘季驯68岁时,朝廷再次起用他为右都御史,总理河道,兼理军务。潘季驯在双重堤防的实践中,对束水攻沙又有新的发展,过去对河漕中的泥沙采取束水冲走的策略,后来他发现遥缕两堤之间滩地多为取土筑堤洼地,如果能将泥沙留淤在滩地上,加高滩地,即可耕种又可加固大堤。潘季驯先在黄河南岸徐州房村至睢宁峰山长140里处留淤,泥沙厚1.5尺,一次可落淤泥沙1 750万方,此后黄河两岸遥缕两堤之间滩地全部淤高,即加固了堤防,提高了防洪能力,又为国家节约了大量维修资金,还使民有可耕之田。此举之后,受益显著。在治黄中,他十分重视堤防修守,制定了"四防"(昼防、夜防、风防、雨防)、"二守"(官守、民守)的修防法规,进一步完善了修守制度。潘季驯的创见终于获得了成功,黄河分流混乱的局面宣告结束。

在治河实践中,潘季驯吸取前人成果,全面总结了中国历史上治河实践中的丰富经验,辩证地处理了黄、淮、运三者之间的关系,优先对黄河采取了坚筑堤防、稳定河床的治理措施,不仅保证了南北大运河的畅通,而且使北宋以来黄河多支分流、不停游荡的局面基本上得到了控制,近三百年没有发生改道。在治河理论上,他全面总结了历史上的治水经验,系统地提出了以"筑堤束水、借水攻沙"为核心内容的治河思想,把治理多泥沙河流的措施由单纯治水转移到水流、泥沙二者并治的轨道上,对明清以来治理黄河的活动产生了重大的影响。20世纪世界水利泰斗,德国人恩格斯(Hubert Engels)教授叹服道:"潘氏分清遥堤之用为防溃,而缕堤之用为束水,为治导河流的一种方法,此点非常合理。"西方人这才开始对中国古代的水利科技产生了深深的敬意。

耿 橘

常熟治水的理论与实践家

耿橘（生卒年不详），字蓝阳，一字朱桥，又字庭怀，献县（今属河北）人，明代著名理学家、武艺家。万历二十九年（1601年）进士，曾任尉氏知县、常熟知县，颇有政声，后为监察御史，兵部主事。

万历三十二年（1604年），耿橘在任常熟知县期间，为民造福，审度常熟地形，大修水利工程，重视农田水利，主张"高区浚河，低区筑岸"，先后疏浚横浦、横沥塘、李墓塘、盐铁塘、福山塘、奚浦、三丈浦等。根据常熟境内地势高低的不同，宜蓄宜泄，对圩区水利做了详细的调查研究及记载，著有《常熟县水利全书》十卷，被徐光启称赞为"水利荒政，俱为卓绝"。

耿橘在治水实践中总结出"开河法"和"筑岸法"，这些方法均被明清农学著作和地方志广泛引用。此外，值得一提的是他关于常熟境内太湖下游联圩并圩的建议。

北宋以后，太湖下游圩区多演变为数百亩的小圩。耿橘认为：圩区过小，劳力有限，难以抵御大旱大涝。他提倡将数十小圩联并成一大圩，这样圩堤可较高厚；圩内纵横开渠，便于灌排和行船，圩内河口建闸，沟通内外水道；圩中心最低洼处

盐铁塘

开辟作容蓄区，更便于灌溉和排水，从而形成一个引蓄灌排的灵活的水利系统。他总结了太湖地区围岸修筑技术，首先指出：常熟滨临江海，位于苏州、常州诸府下游，因此圩区水利以治涝为主，进而提出"有田无岸，与无田同；岸不高厚，与无岸同；岸高厚而无子岸，与不高厚同"，说明了修堤的重要性。他将本地围岸按难易分作三等：一等是从水中筑堤，此类工程需要木桩、竹笆作为堤岸两边的夹板才能成功，在困难的地段，堤外坡还需要砌石护岸。二等是平地筑堤。三等是有旧岸作为基础，只需要扩展高厚。其中一等难修之堤，需要官府适当贴补经费，二等和三等则专用民间集资的水利款。本区围岸断面，"广询父老，详稽水势，能比往昔大潦之水高出一尺，则永无患矣"。常熟一般堤高均作一丈，高地则堤略矮，低地则堤稍高，"惟田有高卑，而岸能平齐"。其横向规格分作两等，临水面为正堤，背水面为子堤。正堤顶宽六尺，底宽一丈，高一丈；子堤底宽一丈，顶宽八尺，高八尺。施工时，正堤与子堤同时进行。子堤作用有二：一是可以作为正堤的支撑；二是子堤可以增大堤防断面，延长渗径，减轻渗水和管涌等流弊。正堤还要兼作交通道路。

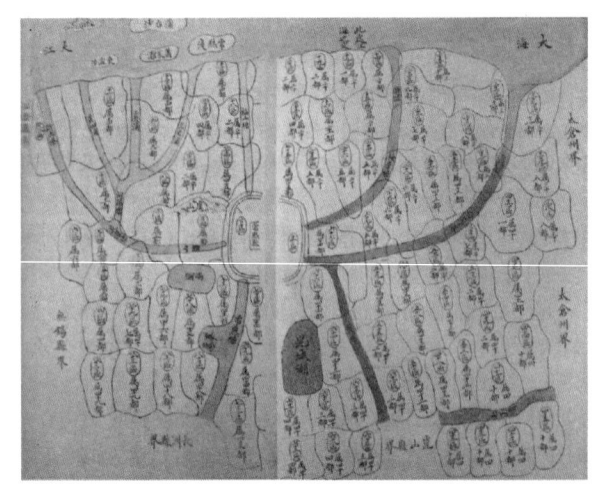

耿橘绘《常熟县水利全图》

耿橘治水功绩突出，治理常熟的水旱灾害，兴修水利，疏通河道达214处，为常熟百姓造福，为此，常熟境内的百姓在他离任后为他建"耿橘庙"以示纪念。

王 同

疏浚海州蔷薇河

王同（生卒年不详），字一之，河南郏县人。他在海州主政期间，疏浚了境内的蔷薇河，颇有政绩。

蔷薇河是沭河下游的主要河道之一，南北朝时称"游水"，是海州周边最大的一条河流。据《海州蔷薇河纪成碑》的记载，蔷薇河早在弘治二年（1489年）就已经淤塞，到嘉靖二十四年（1545年）王同上任时已过去了整整56个年头。

由于蔷薇河是古代海州重要的运输交通线之一，它的泛滥不仅威胁着海州人民的生命财产安全，也严重影响着漕运赋税、盐税等。嘉靖二十三年（1544年），王同便请准用"以工代赈"的方法，招募2 440名当地饥民，施工44天，在海口筑五道堤坝"以障潮汐"，疏通河道13 474寻（1寻等于8尺）。王同修浚河道，既没有要求朝廷给予拨款，也没有将修河的费用摊派在人民的头上，而是巧妙地利用了"脏罚银"（老百姓赎罪赎罚的钱）和"盐商积引余银"（没有申领盐引、缴纳盐税，以及没有完成食盐销售的称为积引），将受灾已久的海州人民召集起来，在短时间内就将如此浩大的工程完成了，这充分说明王同是一位不可多得的管理型人才。至此"民不知扰，役不告劳。自今以往，盐利载兴，诸货可致，久湮之迹以再兴，已废之郡以复振"。蔷薇河周边的海州百姓终于可以告别流离失所、提心吊胆的生活了。蔷薇河的疏浚，恢复了海州的运输交通，改变了"蔷薇河年久失修淤塞，不能接入新坝涟河之水以达淮泗，致商人盐船自海冒险，且觅牛车拉至海崖上船，经年守装，劳费万狀"的局面。自此，盐及其他农副产品即可避免由外海装船，

水利名贤

直接从内河码头装载运至淮阴、泗阳、宿迁等地，加速了与外地的贸易往来，促进了农、盐、工、商业的发展。2016 年 10 月，在连云港市海州城隍庙复建工程工地上出土了一块明代碑刻，经拓片辨认，此碑名为《浚蔷薇河工完告文》，其作者即时任海州知州的王同。

碑刻《浚蔷薇河完工告文》

六、清代时期

水利名贤

顾士琏

疏浚刘家河

顾士琏（1608—1691年），字殷熏，号樊村，江苏太仓人，博古通今，练达时务，是一位擅长水利的地方贤士，有《太仓州新浏河志》《娄江志》《水利五论》等著作传世。

顾士琏的水利成就首推辅佐州守白登明在高乡主持刘家河疏浚。清顺治年间，太湖下游入海水道之一的娄江堵塞严重，太湖地区连年受困于水灾。当时，吴淞江已淤塞五六十年，自昆山而东，"百里平芜，弃舟纵马，甚至架房屋、起坟墓"，而刘家河淤塞未久，"南盐铁西尚深阔，石家塘东通潮汐，唯中段淤塞"。如果放弃公塘湾开挑，而选择在北岸直开，河长不过四十余里，"平陆故多，池荡不少，恢拓尚易"，因此顾士琏经过详细考察，力劝在刘家河北面另开新河，最终获得官方认可并付诸实施。娄江旧河称浏

苏州境内的顾士琏石刻像

河，当地人将这条新开的河，命名为新浏河。新浏河的疏浚，实际上是将支河疏浚升级为干河，因为在经费不足、民力有限的情况下，只有分清主次，重点开河，才不至于"诸役并兴""一河无成"。到了康熙年间，太湖地区水灾再次严重，地方官吏想要再次疏浚浏河，找顾士琏问对策。顾士琏提议仿造"海瑞折漕"的例子，约以4万两浚淤段16 667米，建闸天妃镇，以利于河水的蓄泄，官员听从了他的意见。

顾士琏在他的《高乡论》中主张：高海拔地区应该积极蓄水，如果不蓄水，不仅会使沿海塘浦在潮汐过后泥沙沉淀，导致闸门淤积；而且会使河道容易被侵占，导致河身日益狭小；也容易导致冬至地方豪强霸占水口，不听蓄泄指令。他建议在每年农忙过后，集合境内百姓，依据当年旱涝情况，决定水利工程的顺序和投入力量。

爱新觉罗·玄烨

六次南巡视察黄、淮、运工程

爱新觉罗·玄烨（1654—1722年），清康熙皇帝，在其执政初期，正面临社会动乱，黄河失控，淮、运俱病的严峻局面。而黄河和运河"皆为漕运所关，民生所系"，故他将"三藩、河务、漕运"列为治国安邦的三大国事，写下来挂在宫廷的柱上，以示警惕。他认为黄、淮交汇处的清口是治理黄、淮、运的关键。从康熙二十三年至康熙四十六年（1684—1707年）的二十三年间，他曾六次南巡河工，主要把宿迁至淮安上下黄河河道、洪泽湖、高家堰及里运河作为重点，进行多次调查研究，随时给河臣指授治河方略，以达黄河深通，清水畅出，漕运无阻之目的。

康熙二十三年（1684年），玄烨第一次南巡看到黄河倒灌清口一事，特别关切，不顾路途劳累即向靳辅询问河务情况。后又巡视当时宿迁县北拦马河、肖家渡河工，在淮阴查看王公堤、老坝口、天妃闸、清口等黄淮险工。他看到高邮等地方"虽水涸，民择高阜栖息，但庐舍田畴，仍被水淹"，心中十分忧虑，于是，他开始重视下河和海口工程的建设。

康熙二十八年（1689年），玄烨第二次南巡阅河，视察了宿迁北五坝、中运河、黄淮、清口等河工，他认为修"减水坝，令水势回缓，甚善"（原句：并以辅于险工修挑水坝，令水势回缓，甚善。），对开挖中河一事指出"小民商贾无不称便者，盖由免行黄河一百八十里之险"，并颁发豁免江南历年积欠钱、粮的诏书，以解民困，以利人民休养生息。

康熙三十八年（1699年），他第三次南巡，主要详细查看了徐州以南黄、泗流域，又巡视了清江浦、仲家闸、归仁堤、高家堰等工程，更要刻木制成

爱新觉罗·玄烨　六次南巡视察黄、淮、运工程

图，一一查看。他指斥原河督董安国等治水不力，指出工程要点为挑浚清口，"如不将清口挑浚，湖水不出，高家堰并运河堤工，虽加高厚，均属无益"，又提出使黄河河身稍向北移，淮水得以畅通的新的治河方略，要求张鹏翮拆拦黄坝，深挖入海水道，取得了良好效果。

康熙四十二年（1703年）二月，为了验收河工，玄烨第四次南巡阅河，先到宿迁视察，并自桃源登舟遍阅河势工情，并指示河势方略。三月，他巡视高家堰、翟家桥堤工及黄河龙窝、烟墩等险工，责成河道总督张鹏翮认真修守高家堰工程。

康熙像

康熙四十四年（1705年），玄烨第五次南巡，先至清河巡视天妃闸、惠济闸、淮安以南运河堤防及洪泽湖高家堰大堤等工程，并向河道总督张鹏翮提出高家堰三滚水坝及运河东堤整治，惠济祠前后挑建滚水坝二座及卞家汪旧挑水坝加宽加厚等措施。

康熙四十六年（1707年），玄烨第六次南巡，这次他有一项重要任务，即亲自查勘决定一项新的水利工程项目。当时原大理通判徐光启因犯错误被发落，在淮阴河上，他想立功赎罪，并提出在洪泽湖西，自溜淮套起向东北穿汤家冈，挑河筑堤，引淮水经金华寺、许家冈、曹家庙、卢家集、马厂至张福河口，直出清口。其作用有三：一是黄河以南船只无洪泽湖之险；二是减少洪泽湖之水以保大堤安全；三是溜淮套地面高于张福河底一丈八尺，淮河之水可以直接刷黄济运。这项建议得到河道总督张鹏翮和地方总督的支持，康熙便叫有关大臣研究，因工程预算达123.7万两银，大臣们不敢拍板，推

91

给康熙皇帝亲自决定,因此,康熙皇帝要亲往实地查勘,当时他已54岁,仍不畏劳苦亲自骑马实地查勘。他从清口出发经马厂、卢家集至曹家庙,实地查勘"溜淮套工程"。他巡视以后即传旨切责张鹏翮等决策失误,指出"今日乘骑从清口至曹家庙地方详看,见地势甚高,虽平凿成河,亦不能直达清口,与尔等进呈图样,迥乎不同。且所立标杆开口,不独坏民田庐,甚至毁民坟冢",立命将工程停工,并削去张鹏翮太子太保衔,罢官留任。在回京途中,他又察看里运口大墩分水处,还初步提出处理黄、淮、运的水利规划及开辟淮河入江水道和在三河建闸、蓄水刷黄适当济运的设想,值得今人加以研究。

靳 辅

系统治理黄、淮、运河

靳辅（1633—1692年），字紫垣，祖籍辽宁，汉军镶黄旗人，清代著名治河大臣，自幼知书识礼，九岁丧母，执礼如成人，顺治时为内阁中书，康熙初自郎中迁内阁学士，清康熙十年（1671年）授安徽巡抚。他从康熙十六年至康熙二十六年（1677—1687年）连续十年任河道总督，主持治理黄河、淮河、运河，有《荆文襄公奏疏》《治河方略》等著作存世。

康熙十年（1676年）夏，黄、淮并涨四溢，砀山以东黄河两岸决口21处，黄河倒灌洪泽湖，高家堰决口34处，淮水冲入里运河，运河堤决口三百丈（约1 000米），水淹淮、扬7个州县，黄河河道淤积严重，漕运阻塞。康熙十六年（1677年）靳辅受命为河道总督，担起治河重任。为便于及时掌握水情，就近指挥，他在黄、淮、运三河交汇处附近的淮安市清江浦区修河道总督行馆，作为办公场所。他知人善任，凡治河之事，无不向幕僚陈潢咨询请教。他采纳陈潢的计划，经过调查研究，提出"治河之道，必当审其全局，将河道运道为一体，彻头彻尾而合治之"的方略。他连续向康熙皇帝上奏疏八个，系统提出了治理黄、淮、运的全面规划并陆续实施。

首先，疏浚清口以下至云梯关黄河河床，采取"疏浚、筑堤"并举的措施，把河道内所挖之土，用以修筑两岸大堤；兴修云梯关外束水堤120里；恢复黄河入海出路，又在清口开掘四道引河，疏通淮水入黄河通道，然后加固洪泽湖大堤，堵闭了30多个决口，抬高洪泽湖水位。从而使黄、淮并力入海，河道畅通，运道无阻。其次，靳辅在潘季驯"筑堤束水，以水攻沙"的基础上，修建多处南岸减水坝分泄黄河洪水入洪泽湖，抬高洪泽湖水位，又保证了黄河排洪安全，加强了蓄清刷黄的效果。他创建王家营、张家庄减水坝，加培高家堰长堤，后又在黄河南北两岸分别建砀山毛城铺和大谷山减水坝2座，徐州长樊大坝外月堤5630米。康熙二十年（1681年）他又集中力量堵筑溃决五年的杨庄决口，在高邮里运河东堤增建滚水坝6座，整修2座，以保运道。在修建洪泽湖大堤的过程中，他采取在堤临水面修坦坡以消减风浪冲击等措施，收到了较好的效果。这期间，黄河虽又发生数次决口，但均很快被堵塞。经过连续几年的大规模治理，黄河于康熙二十二年（1683年）实现"黄、淮故道次第修复，而漕运大通"的良好景象。

靳辅像

清初，清口至宿迁西漕运仍借黄河行运，逆水二百余里，费时又艰险。出黄河要经过骆马湖接伽河北上，骆马湖水面辽阔，行船困难。康熙十九年（1680年），靳辅利用皂河镇向北至窑湾的淤废河道，进行疏浚通航。康熙二十年（1681年）皂河口淤，靳辅又沿黄河北侧，西起皂河向东开支河二十里，至张庄，入黄河。支河通航后，靳辅考虑支河口今后仍会淤废，影响漕运。经过查勘，他提出开拓中河方案，利用黄河遥缕二堤之间的取土塘开拓一条中河，彻底离开黄河漕运，中河还能排部分沂、泗洪水经潮河入海。康熙二十五年（1686年）他向康熙奏请开中河，上起宿迁支河口，下至安东平旺河，全长二百七十余里。靳辅称："中河即可以泄沂、沭水，漕运大大改善，山左诸山之水，而运道以此通行，避黄河之险溜，有行纤之稳途大利也。"他的提议得到康熙支持，批准实施，中运河之名由此而得。

中河自康熙二十六年（1687年）开工，次年完成，在清口对岸仲家庄建闸，里运河船只由清口过黄河经仲庄闸进入中运河航行，避逆黄河行舟二百里之险。仲庄向东至涟水东平旺河，这段河称下中河，就是后来的盐河下段。

靳辅还规划利用中河之水灌溉宿迁、桃源（泗阳）、清河（淮阴）、安东（涟水）各县农田。

开拓中河，靳辅上报雇 12 万名农工，清政府认为人太多会出乱子，没有批准，靳辅采用以工代赈的方式，雇用青壮年灾民，按完成土方的多少付工钱，既使多劳者多得，又提高了工效。他又在北方购 3 万辆手推车发给民工推土以提高工效，用较少的民工，仅一年时间就完成了中河的开拓任务，为国家节约了大笔经费，灾民也得到一些钱养家糊口，促进了社会安定。康熙二十年（1688 年）靳辅遭诬陷被革职。

康熙二十一年（1689 年），康熙第二次南巡，见靳辅整治的河道，堤坝坚固，防洪能力大大提高，遂复其原品。三年后，命其复为河道总督。但由于多年操劳，不久，靳辅因病死于任上。康熙闻讯，降旨悼念，谥文襄。康熙四十六年（1707 年），加赠太子太保、骑都尉世职。雍正八年（1730 年），准入贤良祠。靳辅的治河方略及其实践在中国古代水利史上占有重要的地位，直到今天仍有借鉴和启迪作用。

水利名贤

陈 潢

编写《天一遗书》

陈潢（1637—1688年），字天一，号省斋，浙江杭州人。他是清代水文地理学家、水利学家和治河专家，曾经辅佐靳辅，对黄河下游及淮河、运河的修堤防汛工作做出了重大贡献。

陈潢自幼聪颖过人，博学多才。他不喜欢八股文，乐于研读农田水利书籍。年轻时候，他曾沿着黄河考察过宁夏一带，对治理黄河有较深的研究。

陈潢的人生转折点出现在康熙九年（1670年），他科举考试未中，流落到邯郸，在吕祖庵的墙壁上题下一首诗："富贵荣华五十秋，纵然一梦也风流。我今落拓邯郸道，要替先生借枕头。"这首诗是借《邯郸梦》的故事抒发自己满怀建功立业之志，却无报国之门的惆怅之情。

当时，靳辅正好经过吕祖庵，见此诗句便想结识此人。他见所题诗句墨迹未干，便派人去寻找。两人相见后，聊得甚为投机，靳辅便礼请陈潢做他

陈潢像

的幕僚。此后十几年中，陈潢一直是靳辅治河的得力助手，为靳辅出谋划策，在治理黄河中建立了卓著的功绩。

陈潢协助靳辅治水时，一切事务都规划得井井有条，保证工程精确、有序地进行。他重视调查研究，常常跋涉险阻，上下数百里，向沿岸农民、老役请教河流的周期变化，把一切建议都记录备案，以便参考。

通过实地调查，陈潢在继承和发展明朝潘季驯"筑堤束水，以水攻沙"的治河方略的基础上，提出了合理的筑堤法，通过计算河流横截面的流量来确定筑堤的标准，使堤的高度与宽度能符合要求，让堤既能在洪流通过时起到攻沙的作用，又不致因容纳不下而溃决。

陈潢认为治水必须顺流疏导，无论是蓄水还是分水都要顺从水性。因此，他采用建减水坝、开引水河的办法。开引水河法是在水多易泛滥之处另辟河道引水，使之在下游缓宽之处再汇入河中，这样可以减少险情。

陈潢对长江北岸扬州到黄河南岸淮阴三百多里的运河河道进行了大规模的挑浚，堵住了包括清水潭两里长决口在内的三十二处决口，并加高了两岸堤防。在宿迁清河之间新开凿一条三百里长的"中河"，使里运河中的航船从清口横过黄河，直达北岸进入中运河。结束了以往漕船出清口后借道黄河逆行一百八十里的历史，避免了漕船在黄河中浅滩急浪，重载逆行的诸多危险和不便。百姓称赞中河有"百世之利"。至康熙二十二年（1683年），靳辅、陈潢的治水工程终告完成。此时黄河回归故道，淮河出流顺畅，漕运也畅通无阻。

他在辅助靳辅治水的十多年中，成就显著，故康熙二十三年（1684年），帝准靳辅所请，赐陈潢佥事道衔，参赞河务。陈潢的治河思想是："鉴于古而不泥于古"，"总以因势利导，随时制宜为主"。

康熙二十七年（1688年），靳辅遭诬陷被革职，陈潢亦被捕入狱，旋忧愤病死。其著作《天一遗书》、《河防摘要》与《河防述言》附载在靳辅的《治河方略》中，为后世治河者所借鉴。

傅泽洪、郑元庆

编撰《行水金鉴》

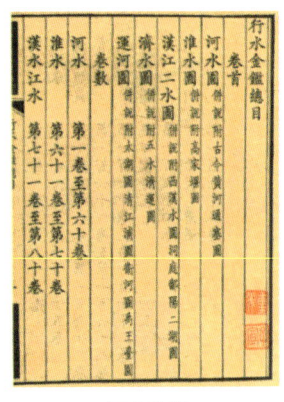

行水金鉴

《行水金鉴》是清代重要的水利历史资料书，傅泽洪是《行水金鉴》的主编，郑元庆是这本书的主要编辑和主要撰写人。

傅泽洪，生卒年不详，字扑庵，号怡园，奉天（今沈阳）人。他官至淮扬道按察使、江苏按察使，还做过近二十年专管水利工程的水官。康熙三十二年（1693年），傅泽洪任扬州知府。他与寒暑风雨相伴二十余年，对灾民困难十分了解，每遇水灾，就开仓济民，在《扬州府志》中被列为名宦。

郑元庆，生于顺治十七年（1660年），卒于雍正八年（1730年）之后，字子余，自号郑谷口，浙江湖州人。他一生混迹幕府，在傅泽洪的幕府中从事著述。在傅泽洪的指导下，由郑元庆带领其他幕僚共同编撰了《行水金鉴》，凡研究水利者皆奉为圭臬，至今在水利界仍广为流传。

《行水金鉴》刊刻于雍正三年（1725年），总计175卷，共约140万字。书中按河流分类，按朝代年份编排，汇编历代水利文献资料，上起《禹贡》，下迄康熙六十一年（1722年），包括黄河、长江、淮河和永定河等水系的源流、变迁和水利工程施工经过等记载，总结历代治水的经验，卷帙浩繁。全书所引文献资料达三百七十余种，每条记载皆注明出处。汇编水利文献资料之详尽完备，空前绝后，堪称古代水利百科全书。

《行水金鉴》不仅总结了历史上的治水的经验，也提出了作者自己的看法，书中提倡治水先审察地形地势，因地制宜地采取治水对策，这正是《行水金鉴》的高明之处。所以，此后直到清末，凡是想要了解和研究中国河流的人，莫不把《行水金鉴》奉为重要参考书目。

张鹏翮

治理清口

张鹏翮（1649—1725年），字运青，四川遂宁人，是清代的治河大臣。他于康熙九年（1670年）考取进士，曾任江南苏州知府、河东盐运使，又任河道总督。张鹏翮出任河道总督时，正值康熙王朝中后期，这时因河工人员调动频繁，河督一职屡任屡换，河患日益加剧，他在危难中受命治河，革除积弊。

张鹏翮主持治理黄河八年，治理上多主张潘季驯、靳辅之说，著有《张公奏议》二十四卷存世。他的《论黄要领》《论治清口》等文章，阐述了他治理清口的主张。

他在《论黄要领》中提出了"欲深黄河，必开海口。欲出清水，必塞六坝"的治理原则。清口是黄、淮、运三河交会的枢纽。明朝中叶，黄河清口上、下河床淤垫加快，决溢频繁，不仅酿成众多洪涝灾害，而且影响漕运。

康熙三十八年（1699年），江都邵阳更楼决口，陆地成渊，尸盈满河，漕船到此就被冲毁沉没，阻塞在京口（今镇江）、瓜洲、仪征的船只达四千余艘。于成龙办事不力，死在任上。张鹏翮接任阅示河工，安抚灾民，追悼死者。他亲自督工，堵塞了决口，另开月河，使漕船顺利通过。

张鹏翮治河期间，对清口进行了透彻的治理。为了疏通黄河河道，防止黄河泛滥，张鹏翮疏浚了清口至盐城云梯关河道，拆除云梯关以外的海口拦黄坝，使洪水得以畅流入海，接着相继堵塞高家堰及黄河各处决口。

为保漕运，防止黄河灌入运河。张鹏翮对清口上游的黄河两岸整修挑水坝一座，在北岸陶庄开挖引河，导使黄河北行，远离清口，以免倒灌。在清

水利名贤

淮安"天下第一廉"张鹏翮雕像

口两岸之堤排桩下埽,仅留船行口门,待漕船过完之日,随即堵塞,引水入运河;闭坝后等淮水蓄水位提高到足以抵黄时,再开坝放清水刷黄。经过这样的治理,运河已无黄水灌入。

此外,张鹏翮将土质减水坝改为滚水石坝。在改建时,他废除高邮子婴沟、永平两坝,堵闭旧南关坝和柏家墩坝;在里运河东堤上五里铺坝址建南关新坝,在八里铺坝址建五里中坝,在车逻坝南建新车逻坝,将鳅鱼口坝改建为昭关坝,乾隆时又添建南关坝,这就是历史上名为归海,实为归田的"归海五坝"。

康熙第四次南巡时,嘉奖其政绩,加太子太保衔。此后十余年,淮水畅流清口,会黄入海,漕运无阻。

齐苏勒

坚筑堤防

齐苏勒（？—1729年），字笃之，姓纳拉氏，满洲正白旗人，在康熙四十三年（1704年）参与运河治理工作，雍正元年（1723年）被授为河道总督，负责全国的治水工作。就任河道总督后，齐苏勒大力整顿河工，完善了河工与河道管理的各项制度，不仅大修河南黄河两岸堤防，还在江南（指江南十六府八州）兴修了许多工程。

齐苏勒继承了潘季驯、靳辅的"束水攻沙"及"疏浚修筑"并举的治河思想。他认为堤防是治河的先务，因此从一开始主持治河工作时就非常注意坚筑堤防。在此后一段时期，他非常注意加强黄河堤防，仅在江苏境内修筑的工程就有：加筑顺河集埽工，长461丈；创筑徐州黄河北岸长樊大坝越堤，长471丈；接筑邳州黄河北岸董家堂以里张王庙前越堤，长1 188.8丈；创筑桃源县黄河南岸胡家庄以里越堤，长950丈；建筑清河县黄河南岸清口束水坝二座；挑挖邳州黄河北岸董家堂以南象山前引河，长916丈；挑挖宿迁县黄河南岸蔡家楼汛内王家营引河，长1 340丈；桃源县黄河南岸北对九里冈险工，挑挖引河，长2 997丈，等等。其中，他在江苏淮安清口修筑的两座束水坝，确保了淮水的畅通，使漕运无阻。

在治理运河方面，齐苏勒也做了许多工作。雍正二年（1724年），他发现骆马湖东岸地势低洼易涝，原来的堤坝难以抵挡河水侵袭。于是他在湖东高地修筑拦河滚水坝和拦水堤。此外，他还因地制宜，在沿河各地广泛种植柳苇，不但解决了河工物料之需，还对维护堤防大有裨益。在他任职期间，运河每年都运行无阻。

齐苏勒治理河道的措施对以后的治河工作也产生了较大的影响,继他之后的几位河道总督嵇曾筠、高斌等均遵循他的遗规,注意加强堤防,及时堵筑决口,治河成绩都比较显著。齐苏勒也深得雍正器重,被誉"齐苏勒历练老成,清慎勤三字均属无愧"。雍正七年(1729年),齐苏勒病逝,皇帝命将其与靳辅同入京师贤良祠,以资纪念。

嵇曾筠

江河的知己

嵇曾筠（1670—1739年），字松友，号礼斋，江南长洲人（今江苏无锡人），清代官员、水利专家。他于康熙四十五年（1706年）考上进士。雍正元年（1723年）担任河南巡抚，雍正七年（1729年）担任河南、山东河道总督，又任江南河道总督。乾隆三年（1738年）嵇曾筠官至内阁学士，次年于无锡去世，赠少保，谥文敏。他著有《师善堂集》《河防奏议》传世。

嵇曾筠为官期间，被誉为"知人善任，恭慎廉明"，治河成绩尤为显著。他在考察山东、河南、安徽等省境内黄河河道的基础上，根据河床的不同，提出了不同的治水方案，如"引河杀险""筑堤防水""疏河导流"等，这些方案均在获得批准后得到了实施。雍正八年（1730年），他组织力量抢修了洪泽湖旁的高堰，山阳盱眙一带的堤、闸，以防止黄、淮水患；督修了江都芒稻河闸等，减轻了水患的发生。

嵇曾筠尤善于筑坝制溜，在修筑顺水坝和挑水坝时，都是根据河势缓急，上下左右岸兼筹并顾，因势利导，以定坝的形式和长宽尺度。在河势扫湾处，修筑大型人字坝作为藏头，并于坝下接修挑水坝，以接力外挑；当河势扫湾不能舒展，又回溜淘刷时，则修扇面坝，

嵇曾筠像

以顺流外移。如河势坐弯特甚，不能修坝挑流外移，则在对岸滩嘴挖引河，裁弯取直，以达分水杀险之效，故有"嵇坝"之称。

　　嵇曾筠一生辗转黄河流域及南北各地，担负着多项重要的治水工程。他经画有方，调度得宜，湖河得以奠定，民众庆贺安澜。他也曾在诗中写下了自己的治河体验："地势高卑有定形，疏之则泰壅之否。水性平险无常情，逆之则怒顺之喜。体认性慎审形势，行所无事有至理。我事黄河如弟子，河当引我为知己。"他被后人称赞是能驾驭洪水的"龙王"。

高 斌

河道总督世家

高斌（1683—1755年），字右文，号东轩，因为女儿是乾隆慧贤皇贵妃，后改姓高佳氏，入清满洲镶黄旗。雍正六年（1728年），授广东布政使，先后任河东副河道总督、两淮盐政，建署江宁织造、署江南河道总督等职，被授予大学士。高斌的侄子高晋也在乾隆二十六年（1761年）担任江南河道总督，高氏家族中先后有两代人担任河道总督一职，可谓治河世家。乾隆二十年（1755年）三月，高斌卒于治河工地，享年73岁。

高斌像

高斌在担任江南河道总督期间，在治河思想上继承了靳辅的治河方策，进一步完善了"分黄助清"的防洪措施。

他对江苏徐州睢宁峰山等地减水闸下的引河进行疏浚，解决了黄河水涨后的泄洪问题和减水闸下游水患问题。

洪泽湖水经天妃坝南下，经淮安、宝应、高邮、扬州达于长江，全借运堤为障，为保安全，于是他在天妃正越两闸之下，相距百余丈处建草坝三座，下建石闸两座，又于二闸尾各建草坝三座，这既可以抵御洪泽湖水位上涨，

水利名贤

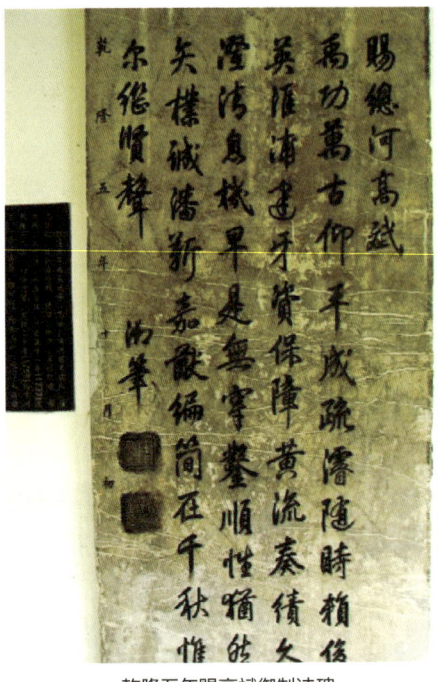

乾隆五年赐高斌御制诗碑

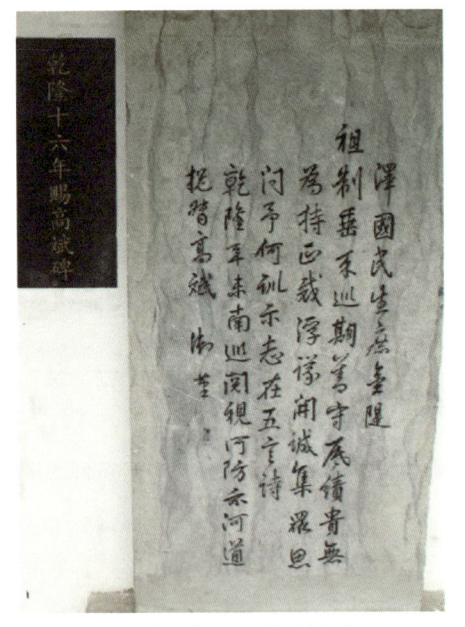

乾隆十六年赐高斌御制诗碑

又可以减缓运河的水势，使洪泽湖湖水自然地三分流入运河，七分会黄，从而成功地控制住了洪泽湖水位。乾隆十六年（1751年），高斌主持修建高家堰两个滚水石坝，信坝和智坝，并决定两座天然减水坝永禁开放，同时在周桥至蒋坝一段筑石工墙。至此，洪泽湖大堤全线石工告成。

在防洪上，他还规定山阳、盱眙尾闾天然南北二坝，除非洪泽湖水异涨，平日不可轻率开启，这样可以使高、宝诸湖所受之水循轨入口，使高邮、宝应、兴化、盐城诸县民田不至泛滥，可免去洪泽湖泄洪造成的水患。乾隆三年（1738年），淮安、扬州运河工程完毕，高斌因此获得嘉奖。

在运河治理方面，鉴于黄河自宿迁至清河段，河流湍急，与堤外中运河唇齿相依，高斌提出加高中运河南堤，作为黄河遥堤，进一步巩固北岸堤防，从而确保运河安全。

同时，为防黄水倒灌，高斌主持将天妃南运口移至旧运口南75丈，在新运口内建钳口草坝三道，与三汊河相接，专纳清水。又因惠济祠以下黄河和运河仅隔一堤，十分危险，于是他在运河东岸、惠济祠以下张王庙前，开新河1 068丈，穿永济河头，至庞家湾接旧河，即今头、二、三闸运河，其口称"里运河口"，在码头镇之西。在新河自码头镇至杨庄对渡黄河十里沿线，他又依次建四闸，在新河东岸筑东堤一道。自此，新旧二河并用达三十多年，成功防止了黄河水的倒灌。

此外，他还力主观测并记录水位，确定开放减水闸的最高水位。规定只有在徐州水位达到或超过七尺时，才许开减水闸分泄黄河洪水。

高斌担任江南河道总督期间，取得了黄河安澜，淮水顺畅出清口，运河通畅，漕运无阻等方面的治河

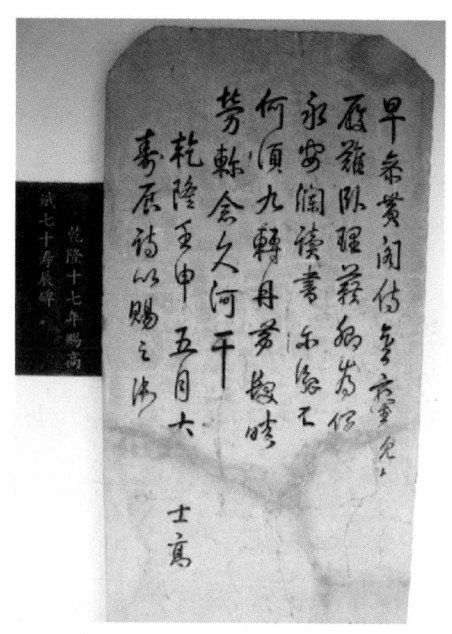

乾隆十七年高斌七十寿辰赐御制诗碑

成绩，他的治河之举为后来治河官员所仿效和沿袭。乾隆二十二年（1757年），乾隆皇帝让他与靳辅等同入祀贤良祠，赐谥"文定"。乾隆皇帝在二次南巡经过淮安清江浦时，命在陈瑄祠中附祀潘季驯，以纪念陈瑄、潘季驯等治水督漕的河臣，并将陈瑄祠改名为陈（瑄）潘（季驯）二公祠。

庄有恭

江南海塘与大修"三江水利"

庄有恭（1713—1767年），字容可，号滋圃，广东广州人，祖籍福建晋江。乾隆四年（1739年），庄有恭被钦点为状元，开始了仕途。他曾任江苏、浙江、福建巡抚。乾隆三十一年（1766年），庄有恭因罪定为斩监候，八月，因为庄有恭兴修水利有功而被赦免释放。

在为官期间，庄有恭大部分时间是与水打交道的，江浙地区很多海塘建设都留有他的足迹。

乾隆十七年（1752年），庄有恭代理两江总督时上疏：太仓、镇洋沿海两处田地房舍，都依赖海塘作为保障，之前的海塘只修到刘河南岸，刘河北岸人民自愿请求挑筑堤坝，希望借库银完成工程。乾隆帝允奏，令按奏执行。庄有恭任江苏巡抚时，又派员考察吴淞江、娄江、东江等三江故道水情，于乾隆二十八年（1763年）上《奏议三江水利疏》，

庄有恭像

认为太湖是吴中最大的蓄水池，北面的荆溪百渎，南面天目等山水都汇集到太湖，而三江是太湖分流的干流。如今筹划治理三江水利，应当在运河西、太湖出水口，清理占道阻塞，使分流无阻。运河东的三江旧道，黄浦现在深通，只需要在泖口挖去新涨芦墩，足以泄洪，使水流畅通。吴淞江自庞山湖以下，娄江自娄门以下，凡是浅狭阻滞的地方，应该疏通，加宽加深河道，足以容纳上游所泄的水量。吴淞江河道内所种植芦苇、插筑渔栅等全部铲除，以后严禁。并随即用深挖河道的土培护堤岸。现在闸座离海太近难以开合的，酌量改移。庄有恭的建议得到朝廷认可，于是先治理桥港，然后疏浚河道。工程始于乾隆二十八年（1763年）十二月，至二十九年（1764年）三月完成，耗费国库22万多两。

庄有恭心系百姓，在水利建设过程中，他力图避免因兴修水利而给百姓增加负担。在上奏中，他多次"恳发帑兴工，仍于各州县分年按亩征还，则民力既纾，工可速集"。

在治水过程中，他注意汲取前人的成绩经验，如积极推行明代的叠砌大石塘的鱼鳞砌法，"照鱼鳞作法，逐层整砌"。这些治水思想和方法至今仍具有借鉴意义。

袁 枚

治水沭阳

袁枚（1716—1797年），字子才，号简斋、随园老人，浙江杭州人，清代著名诗人、文学家。

乾隆四年（1739年），袁枚任翰林院庶吉士；乾隆七年（1742年），外调江苏，历任溧水、江宁、江浦、沭阳县令达七年，为官勤政颇有名声，可惜仕途不顺，无意吏禄。乾隆十四年（1749年），他辞官隐居于南京小仓山随园，吟咏其中，广收诗弟子，女弟子尤众。嘉庆二年（1797年），袁枚去世，享年82岁，去世后葬在南京的百步坡，人们称他为"随园先生"。

乾隆八年（1743年），袁枚任沭阳知县时，沭阳县水、旱、蝗、瘟疫四害横行，官府诛求无度，民不聊生，饥民达三十余万，饿死的百姓不计其数。袁枚目不忍睹沭境惨况，毅然开仓济民，减免赋税，以减轻百姓负担。

为消除水患，他组织并带领沭阳百姓治水，先后修筑了有名的北六塘河子堰，疏浚前沭河并加筑子堰，积极治理沭阳境内的洪涝灾害。他采取多种抗灾措施，提高防洪能力，帮助农民恢复和发展农业生产，并很快取得成效，使沭阳境内呈现"棉花雨后开成雪，麦草春来绿进城"的喜人景象。

袁枚像

袁枚为政严明，不准下属扰民和徇情枉法，尤明于听断。他理案敏捷，谨慎公断，让胥吏悚息，恶民敛迹，案件锐减。乾隆五十三年（1788年），73岁的袁枚受沭阳知名人士吕峄亭的邀请，又来沭阳作客，沭阳各界在三十里外迎接他。袁枚面对如此拥戴他的民众，写下情意真挚的《〈重到沭阳图〉记》。袁枚在这篇短文中深有感触地说："视民如家，官居而不能忘其地者，则其地之人，亦不能忘之也。"

水利名贤

徐文灿

修筑海门"徐公堤"

徐文灿（生卒年不详），今辽宁省铁岭市人，正蓝旗汉军。乾隆三十五年（1770年），他任海门厅同知，不久，因病离任；乾隆三十七年（1772年）初，复任海门同知。

徐文灿在海门任职时，古海门坍地刚刚复涨，江海之交，新沙骈联相望，中有夹江阻隔，海门已涨出大片沙地，但沿江地段仍受海潮冲击，坍塌无常，厅境与通州隔泓而治，开阔处有一二十里，狭窄处也有数里。乾隆三十九年（1774年），徐文灿在裙带沙茅家镇创建厅署。为镇压潮患，他在厅署后筑狮山以抗海潮。当然狮山并不能镇压潮患，但这并没有让海门百姓和徐文灿本人松懈斗志。

次年，徐文灿率领民工在茅家镇西二十里外的天补沙截流筑堤。新土松软，屡筑屡溃，但他与民工坚持不懈，日夜奋战，最终筑成长2 180丈，宽1.4～4丈不等的堤坝，可通车马。这让天补沙南北滩地变成了万顷良田。从此，崇明等地陆续迁来数万垦荒者，在这里落户定居。

徐文灿像

当地百姓为铭记徐文灿的杰出功绩，称他所筑的大堤为"徐公堤"。

不仅如此，民间还流传着许多徐公大公无私舍身筑堤的传说。比如，徐公在合龙口难于合拢时将官帽丢入合龙口以镇水妖；也有徐公不仅丢官帽且舍身跳入合龙口，终使堤坝筑成的传说。

徐文灿在海门当政七年，清正廉明，民间有争讼时，即令乡里进行调解。乾隆四十四年(1779年)离任时，他的行李稀少，囊橐萧然。乾隆五十七年(1792年)，海门厅同知王恒在堤上立"徐公堤碑"，并建有一座碑亭，以纪念徐文灿。再后来，乡人在徐公堤西端接近川港镇的地方，建了一座海神庙，永祀香火，以酬谢神灵佑助修堤之功。

水利名贤

郭大昌

经验丰富的"老坝工"

郭大昌（1742—1815年），字禹修，江苏洪泽县高涧镇人。他是清代乾隆、嘉庆时期的一位经验丰富的水利专家。

乾隆二十二年（1757年），郭大昌在江南河库道任贴书（帮写）。由于他长期钻研河务，熟习河工技术，因此被人们称为"老坝工"。他随后被淮扬道聘为幕僚。

郭大昌一生不善言辞，秉性刚直不阿，曾因此遭到河官的排斥打击，一直得不到重用而被迫辞官。但是，在水利上遇到困难和险要紧急工程的时候，当局又不得不请他出山治理。

比如乾隆三十九年（1774年）八月，黄河在清江浦老坝口溃决，口门一夜之间"塌宽至一百二十丈，跌塘深五丈，全黄入运"，"滨运之淮、扬、高、宝四城官民皆乘屋"，形势十分严峻。面对险情，江南河道总督吴嗣爵不知所措，不得不亲自去求曾经被自己排斥的郭大昌，吴嗣爵再三谢罪之后，请郭大昌帮助堵口。郭大昌不计前嫌，果断答应堵口。郭大昌对口门的情况了然于心，他向当局保证工期不过20天，工款仅需20万（原计划堵口需银50万两，50天完成），并且提出施工期间，只需要文、武汛官各一人维持工地秩序，不用任何官员过问工程。最终，工程如期合龙，仅用银10.2万两，受到乾隆帝嘉奖，从此郭大昌声名大振。

嘉庆元年（1796年）六月二十日，黄河又在江苏徐州丰县决口，主管堵口的官员计划堵口用银120万两，江南河道总督兰第锡觉得费用太高，想减少一半上奏，便和郭大昌商量。郭大昌直言：堵口用银只需30万两，其中15万作为工料费用，余下15万两分给河工官员亦不算少。郭大昌的直言无情地击中了河工官员贪污的要害。

据史料记载，郭大昌发明了测水法。该法相当于现在测量水的流速、流量的方法。应用这个方法，可以使治河工程的设计与施工更趋准确、便利，避免盲目，能节约大量的人材物力。

郭大昌还充分发扬了引河堵决法。当河、湖决口改道后，如欲堵决口并复故道，无须直接堵决口，而可在先前淤积的故道上开浚数道深沟，再于决口上游择地开挖引河，直通故道。这样的做法可使决口不堵自愈，故道恢复依旧，且引河之水循故道所开深沟急泻，淤沙可除。

郭大昌与学者包世臣过往甚密，曾与他全面调查黄、淮、运形势及海口情况，包世臣所著《中衢一勺》中的治河方略多由郭大昌口授。包世臣对郭大昌十分敬仰，将他与潘季驯、陈潢相提并论，称："河自生民以来，为患中国。神禹之后数千年而有潘氏（潘季驯）；潘氏后百年而得陈君（陈潢）；陈君后百年而得郭君。贤才之生，如是其难。"

水利名贤

陈鸿寿

多才多艺的水利人

陈鸿寿（1768—1822年），字子恭，号曼生等，浙江杭州人。曾任溧阳县（今溧阳市）、赣榆县知县，江南海防同知。

陈鸿寿是一个多才多艺的人。他长于诗文、书画，善制宜兴紫砂壶，人们称他的壶为曼生壶。他的书法长于行、草、篆、隶各种书体；篆刻师法秦汉玺印，吸取丁敬、黄易等人风格，印文笔画方折，用刀大胆，自然随意，锋棱显露，古拙恣肆，苍茫浑厚。陈鸿寿是"西泠八家"之一。他在任赣榆县知县时，曾"捕盐枭，筑桥梁"，为政清廉，受百姓爱戴。

陈鸿寿像

嘉庆十四年（1809年）六月，41岁的陈鸿寿出任赣榆县知县。据《光绪赣榆县志》记载："治（今赣马镇）以南之水……其大者大沙河。嘉庆十三年大水，横决为患，而下游改道。知县周岱龄议浚未成，陈鸿寿继之，因所决处开通罗音、五尺沟以畅下游，称便利焉。"

据考证，"罗音"即今天赣榆区墩尚镇罗阳一带。嘉庆十四年（1809年）十月，陈鸿寿"踵前任周知县之议"，捐俸二百两，并募得善款六百两，

116

动工疏浚大沙河下游河道。《光绪赣榆县志》载:"先是大沙河壅塞水涨,辄溢没田庐,鸿寿之官即蠲金为倡,克日疏浚,河以畅通,民无水患。"至第二年五月,疏浚工程告竣。此次清淤工程共完成河道"凡挑千四百余丈,深三四尺,底宽盈丈,口宽加半"。工程竣工之时,陈鸿寿已离开赣榆前往溧阳出任县令。

为感念周岱龄、陈鸿寿二位县令为疏浚大沙河付出的艰辛与努力,嘉庆十五年(1810年),地方士绅朱尧望将此事的始末写成《疏浚大沙河下流记》,并以《疏浚碑记》为题刊刻成碑,立于大沙河岸边,纪念这件事。时过境迁,这块铭记历史的石碑辗转多地,最终落户在今赣榆古艾塘湖公园里,当地人亲切地称这块石碑为《陈鸿寿治水碑》。

《疏浚碑记》

水利名贤

黎世序

修复练湖

　　黎世序（1772—1824年），字景和，号湛溪，幼名承惠，河南省罗山县人，他是清代治河名臣。

　　黎世序在嘉庆元年（1796年）中进士，授江西星子县知县，不久调任南昌知县。在任知县的五年间，南昌常遭受水患，黎世序为解决水患废寝忘食，誓为"根治水害而平民心"。他深入实地勘察，制定出筑堤防洪、疏浚排涝、修塘凿渠等一系列治水方案。嘉庆十三年（1808年），黎世序调任镇江知府。镇江丹阳的练湖年久失修，常成水患，为此，黎世序建造大闸三座，通行航船，减少了水患。嘉庆十四年（1809年），在督浚运河的过程中，他又发现练湖对于调节运河水位、解决农田灌溉问题十分重要。于是，在运河工程结束时，他又全力投入对练湖的调查和勘察工作中。当时，练湖因长期无人管理，闸废堤倾，淤浅日久，丹阳等地百姓叫苦不迭。黎世序在查阅各种有关练湖的史志图经，询问当地父老后，毅然决定修复练湖。为不使群众因修水利而增加负担，他还

黎世序像

带头捐出全部工程费用的一半——白银两千多两。他精心设计施工方案，经费物料以至人工饭食，无不考虑周全。嘉庆十五年（1810年），全部工程竣工，共建新闸四座、涵洞十二座，并加宽加高了堤埂。至此，湖水可灌田四万余亩。为合理用水，防止后患，他亲自制定了"练湖善后章程"，拟定设立闸夫和涵长，用来管理闸涵，担任启闭工作。他又规定湖中的鱼类及其他出产收入都用来作为维修闸涵的费用。竣工后，他亲赴练湖巡视检查。

嘉庆十六年（1811年），黎世序调任淮海道员。任职期间，正值朝廷聚议开挖新河，疏通淮河海口，黎世序力排众议，主张河水仍由故道入海，深得两江总督柏龄赞同，并被转奏皇帝，很快受命治理海口。

嘉庆十七年（1812年），黎世序升任南河河道总督，专职督办河务，驻跸清江浦。黎世序在任南河总督的十二年间，在治河中不但吸取了前人的经验，而且加以发展、创造。如，将"束水攻沙"改为"重门钳束"，使全河之水并力攻沙；将"柴秸沉入水底护坝"改为"砌石护坡"；将"以泄为主"改为"蓄泄兼筹"乃至"因地制宜治之"。实践也证明他的主张是行之有效的。他也因此深得民心，美名传扬，被当地百姓称为"活（河）神仙"。

道光四年（1824年）春，因在治河过程中不幸感染疾病，黎世序病逝于江苏淮安清江浦，年仅52岁。但其一生治水经验丰富，并留有启迪后代的著作，如《河上易注》十卷、《东南河渠提要》一百二十卷、《续行水金鉴》一百五十六卷等。《续行水金鉴》将这一时期黄河、淮河和运河等河道变化的情况以及相关的水利资料进行了汇总分析，该书对研究清代雍正至嘉庆年间的河道水情以及治河工程有很好的参考价值。

水利名贤

陶 澍

吴淞江撤闸通海

陶澍（1779—1839年），字子霖，号云汀，湖南安化人。他曾先后任山西、四川、福建、安徽等省布政使和巡抚，后官至两江总督加太子少保。他在任内重视水利事业，指出农田水利是"覆育苍生"的大事，发展水利可以使"舟楫畅行，旱潦无虑，民生永资利赖，国赋愈乐输将"。

清道光五年（1825年）六月，陶澍离开安徽，顺着水路去江苏赴任，途经清江浦时就察看了漕运及旱情。到任的第二个月，经过实地勘察，他向道光帝上奏《请拆除吴淞江口石闸附片》，提出疏浚吴淞

陶澍像

江的重要性及具体施工方案。在治水方法上，他既注重吸收前人的成功的经验，又能根据实际情况创造新的办法。在疏浚吴淞江的过程中，陶澍多次实地调查了黄浦江、吴淞江等河流入海口地形、水流等情况，一举推翻了历来治理吴淞江都在入海口修建石闸，以防潮阻沙为主的传统方案。陶澍认为，治理吴淞江入海口，宜疏不宜堵，海潮既然可以挟泥沙而来，在潮退之时，海潮也可以凭借其巨大的冲击力带泥沙而去。在入海口建石闸，反而会使吴淞江的泥沙堆积于闸内，影响泄洪。因此，陶澍主张撤除吴淞江入海口石闸，将其取直，拓宽。吴淞江撤闸通海，成为水利史上的创举。

在治理浏河、白茆河上，与吴淞江撤闸通海不同，陶澍主张将浏河、白茆河建成不通海口的清水长河，筑坝拦其海口，使不通潮，专蓄清水，体现了陶澍治水因地制宜，不因循守旧的作风。

道光十四年（1834年），在陶澍的指挥下，浏河、白茆河工程开工。竣工后，陶澍前往验收，地方父老夹岸欢迎，都说是百余年来所未有的盛况。同年七月，苏淞一带大雨倾盆，太湖附近突然暴发洪水，处处盛涨，拍岸盈堤。陶澍当即奔往太仓、镇洋（今太仓市东半部分）二州县，将该地大坝的涵洞全行启动，两日之内，消水达二尺有余。而秋汛大潮，仍无倒灌，这是因为浏河拓宽后所容纳的洪水与涵洞的宣泄已经达到最初设计的成效，浏、白二河工程经受住了汛期的考验。《清史稿·陶澍传》称，陶澍兴江苏水利，"吴中称为数十年之利"。

陶澍治水，善于总结前人经验，他将开浚河道、疏通河水、导引水流、排除渍水等总结为"疏、瀹、决、排"四种方法，并运用于治水实践。对于黄河治理，陶澍强调要用"疏、瀹"的方法，疏散引导，不阻水势，取得了显著成效。陶澍还注意利用商人资本进行治水。在浚疏白茆河工程时，估银达十一万两之多，商人捐资，百姓以工代赈，既充分利用了商人资本，又充分调动了百姓的积极性。

陶澍认真治理吴淞江等太湖的三大支流，变水患为水利，大力办理赈灾，深得民心。后兼任两淮盐政时，他又创建实行"盐票法"（以票买盐），解决了当时盐运等困难。

水利名贤

林则徐

大规模疏浚江苏河流

林则徐（1785—1850年），字元抚，福建侯官（今福州）人，嘉庆年间考取进士，是清末的政治家、水利专家。他在任东河总督时，曾修治黄河，后任江苏巡抚，兴办三江（吴淞江、黄浦江、浏河）水利，又兴建白茆、浏河等水利工程。

道光四年（1824年），林则徐接任江苏布政使，又兼署江浙两省七府三品水利总办官。上任后，他多次乘船考察太湖下游入海、入江水道，发现水道普遍淤积

林则徐像

严重，遂建议疏浚。经由两江总督孙玉庭上疏允准，清政府组织疏浚黄浦江、吴淞江、浏河、白茆河等干河及其支流。

为统筹兼顾太湖流域全局，经推荐后林则徐以江苏按察使身份奉旨督办江浙七府水利，先浚黄浦一带，完工时恰逢母亲生病，便回归故里。次年二月，又逢高家堰决口，林则徐又奉特旨监督堵口复堤工程。

道光十一年（1831年），林则徐升任河东道总督，总管山东、河南两省黄河河务，道光十二年（1832年）调回江苏为巡抚。先前规划的吴淞江、淀湖等疏浚工程已由他人主持完成了部分，林则徐则以全力领导未竟之工程。道光十四年（1834年）林则徐领导疏浚了浏河、白茆河，使之与黄浦、吴淞交汇通流。在各大干河通畅后，他又要求苏、松、太道疏浚所属各重要支河。

这次工程规模浩大，界连十五个厅、州、县，水利效益显著。

此外，林则徐在江苏倡议、批准和主持的水利工程还有苏南境内当时吴江县的瓜泾港、王家汇、姚家庄等七条河；常熟、昭文县的福山塘；竺塘泾和景市桥河，并添建拦湖石闸一座；镇洋县的朱泾、南北漕等六河。还有苏北境内的邳州沂河溃塌堤岸修固，宿迁县属沂河下游的王翻湖疏浚，丰县护城河堤与四城城门外券桥，通州姚港等二十七港的通江引湖河道，白蒲镇三十里河道疏浚，六合县（今六合区）双城的修筑等。

在江苏的治水实践中，林则徐在前人治水经验的基础上逐步形成了自己的治水理论和管理方法。他曾以浏河为例提出了水利是经济文化和社会发展之基础，谓之"夫水之行地也，涣然而成文，故水利之兴废，农田系焉，人文亦系焉"。他又提出"防重于治"的治水指导思想，谓之"与其补救于事后，莫若筹备于未然"等，充分体现了他的杰出才能和务实作风。

林则徐在江苏兴修水利示意图[①]

[①] 林强. 林则徐水利思想研究. 福州：海峡文艺出版社，2015：445.

水利名贤

冯道立

提出"攻沙八法"

冯道立（1782—1860年），字务堂，号西园，今江苏省东台市时堰镇人，是清代著名的水利专家。

冯道立自幼目睹家乡里下河地区深受洪水灾害的惨况，立志救民于水患之中，发奋专攻水利。为掌握治理淮扬水患的第一手资料，他多次雇船深入海滨、黄河、淮河、运河、洪泽湖、高邮湖等地进行实地勘察，访问当地的农夫、渔民，

冯道立像

查阅有关水利、水文资料，描绘了数以百计的水利图。在考察中，经常遇到狂风、暴雨、恶浪的袭击，他毫不退缩。据传，一次他外出考察，已经有三年多未归家，当他路过家乡时堰的时候，都不入家门，被赞具有"大禹之风"。最后在深入调查的基础上，他掌握了淮扬水路的来龙去脉，并根据地势、土质等情况，提出将洪水排泄入江、入海的设想。特别是对影响里下河地区最大的五里、车逻、昭关等坝决口，他提出以兴化城墙尺度为标志，计算出里下河地区的水涨高数，并亲自参加了里下河地区的许多水利工程建设。

道光六年（1826年）夏，漕堤（里运河堤）启放车逻、南关、新坝、中坝、昭关五归海坝，里下河地区一片汪洋，面临全面危机。他带领乡民堵口筑堤，用风车向外抽排堤内洪水，使圩内万亩良田少受损失，七十多个村庄的生命财产转危为安。道光十五年（1835年），东台等地河道干涸数月，很

冯道立　提出"攻沙八法"

多人反对在此时疏浚盐河，冯道立却坚持己见，动用民工五千余人，用时六天疏浚河道三千六百余丈。河挑好后，正逢大雨，上河坝一启，水从盐河排出，农田无一受淹，船只往来自如，收事半功倍之效。此后，冯道立又先后参与了道光十七年（1837年）扬州府（时东台隶属扬州府）的疏通海口工程、道光二十年（1840年）东台县（今东台市）的疏通王港海口工程、道光二十八年（1848年）洪泽湖水暴涨的启坝泄洪工程等，为这些工程出谋划策，并大见成效。道光二十年（1840年），启放归海五坝后，东台一带尽成泽国。他应东台知县秋家丞的邀请，帮助疏通海口，随即在勘察后订出施工计划，指出"近海之地，潮汐冲激，从来治河难，治海尤难，治小河通海则更难，施工者畏难，往往草率从事，现在动工应先将海口浚深，然后寻源而上，尾闾既泄，腹胀自消"。最后在他的建议引导下，水患得以解除。道光二十二年（1842年），冯道立首倡在时村周围筑庄圩，在险段处的基础部分打木桩，使时村一度免遭雨水冲击。该圩也因此被乡亲们称为"丰乐圩"。

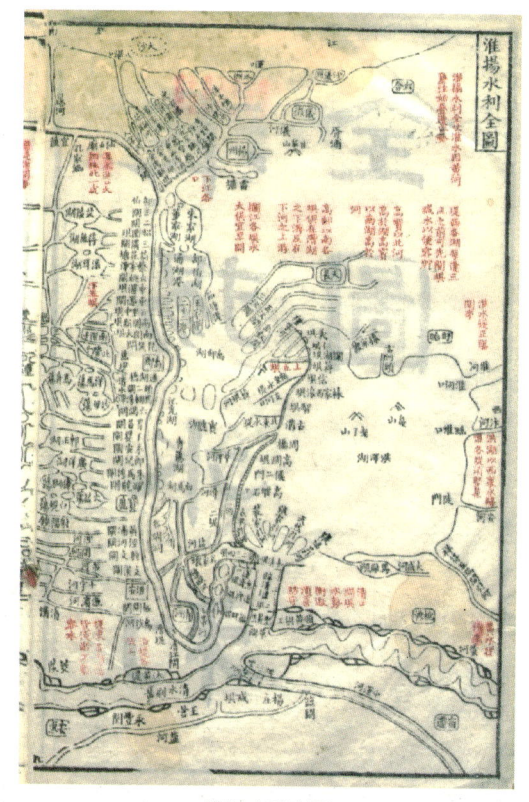

淮扬水利全图

除在治水实践上成绩显著外，冯道立一生好学不倦，著作很多，其中水利方面的专著有《淮扬水利图说》《淮扬治水论》《测海蠡言》《勘海日记》《束水刍言》《七府水利全图》《东洋入海图》《东洋海口图》《攻沙八法》等。《淮扬水利图说》内有水利图七幅，为系统地根治苏北里下河地区水患，提出了很多科学设想和具体方案。特别是他的《测海蠡言》，全书共分五十二目，后附《攻沙八法》，集几十年治水经验之大成，很有实用价值。在《攻沙八法》中，他提出了"疏、开、束、蓄、直、闸、捞、下"八种方法，在我国水利史上至今仍具有较高的研究价值，并占有一定的地位。"绘郏亶之图一卷中已饥已溺；熏阳城之化，数千家毋讼毋嚚"，这是清代进步思想家魏源赠给冯道立的一副对联，对冯道立在治水方面的卓越才能以及好学励行的高尚品质，做了实事求是和恰如其分的评价。

近年来，为纪念冯道立的治水业绩，江苏省和盐城市有关部门修复了位于东台市时堰镇北堂巷2号的冯道立故居，并在故居开设展览馆，陈列"冯道立生平业绩展"，介绍了冯道立毕生为民治水的事迹，还展出了冯道立当年的一些手稿以及当年读书用的方桌、书箧、著作刻板和诰命箱等文物。

冯道立故居

魏　源

亲率民众护堤保坝

魏　源（1794—1857年），原名远达，字默深、墨生、汉士，号良图，湖南邵阳隆回金潭（今隆回县司门前镇）人，清代启蒙思想家、政治家、文学家，随父亲魏邦鲁来江苏。魏源幼年时，家道中落，他发奋求学，于道光二年（1822年）中举，道光二十五年（1845年）中进士。咸丰元年（1851年），魏源补授江苏高邮州知州。咸丰三年（1853年），他被钦差大臣琦善诬以未能绕道递送军报而被革职，不久经都御史袁甲三上奏恢复官职。

魏源像

复职后，即辞官侨居兴化，又到江苏苏州、高邮等地，潜心佛学，法名承贯。咸丰六年（1856年），魏源移居杭州僧舍，翌年三月逝于杭州。同治十一年（1872年），魏源入祀高邮名宦祠。他还是近代中国"睁眼看世界"的首批知识分子的优秀代表。

道光八年（1828年），时任海州中正盐场大使的魏源从板浦东门往中正盐场方向修筑了一条阻挡海潮的土堤。史籍记载，这条土堤全长约四公里，上铺设条石供行人来往，土堤两边间植桃柳，魏源还在土堤的中段半路桥上建茶亭一座，此处恰好位于板浦与中正盐场的中段，故称"半路亭"。后来，人们为了纪念魏源修堤的功绩，遂称之为"魏公堤"，中正盐场大使陈汝芬亲自题写了"魏公堤"的碑刻。

道光二十九年（1849年），魏源赴任兴化县（今兴化市）知县时，适逢连旬暴雨，洪水暴发，高邮河、湖暴涨，河道总督准备开高邮运堤归海坝行洪。时值新谷将结实，开启归海坝，则里下河地区七个州县将遭受水害，尤其以兴化最为严重,可能出现"一夜飞符开五坝，朝来屋上已牵船，四舍漂沉已可哀，中流往往见残骸"的悲惨景象。魏源到任后第四天，即亲赴高邮各坝，一面组织士兵、农民日夜守坝，一面连夜赶往扬州，请求两江总督陆建瀛速开沿邵北至清口（今属淮阴）运河东堤24闸，分路泄洪。当时，魏源亲率农民护堤保坝至立秋时节，新谷得以丰收，百姓称之为"魏公稻"。此外，他还亲自考察里下河地区水系的来龙去脉，并汇集历年案卷图说，写成《上陆制府下河水利书》，陈述河防治理的意见，请求在运河东堤之外修筑西堤以防风浪。获得拨款后，魏源即离开兴化，总督运河西堤工程。工程竣工后，勒石坝首，规定：以后湖涨，但事筑防，不准辄议宣泄。每年必须等到秋谷登场，方可启坝。对此，里下河百姓撰联写词颂扬其功绩，并拟筹建魏源生祠，被魏源严令禁止。

道光三十年（1850年），魏源奉命改任淮北海州分司运判。鉴于当时淮南盐课短缺，他主张运淮北盐以协助淮南盐课，请裁浮费、减官价、杜私贩，进行票盐改革，致使官盐价低于私盐价，销路大畅，收入大增。他又筹集白银二十余万两，将这笔钱产生的利息作为高宝（运河）两堤岁修之用，解决了高宝运河岁修资费这一大难题，两堤得以修筑加固。

董 恂

编著《江北运程》

董恂（1807—1892年），初名董醇，后为了避讳同治皇帝载淳的名字而改为董恂，字忱甫，号韫卿，江苏扬州府甘泉县邵伯镇（今扬州江都区邵伯镇）人，清道光二十年（1840年）进士。他先后出仕道光、咸丰、同治、光绪四朝，官至户部尚书，曾入总理各国事务衙门，作为全权大臣与英、美、俄等国签订通商条约。董恂平生讲求考据之学，尤留心漕运河防事务。董恂一生所著颇多，先后著有《楚漕江程》十六卷、《江北运程》四十卷、《甘棠小志》及诗文稿等近百卷，其中《江北运程》和《甘棠小志》颇受世人称赞。

董恂像

在咸丰年间担任顺天府尹期间，他有感于漕务的重要性，着手编辑历代运河资料，于咸丰十年（1860年）编成《江北运程》。《江北运程》卷帙浩繁，全书近百万字，共分为四十卷，正文前有卷首，全书包括序言、图、《江北运程总略》、《江北运程纲汇》等四部分。卷首作者有自序，述说自己在担任顺天府尹的三年中，鉴于运道久荒不治，有感于漕运之重要，博采诸书，成《江北运程》四十卷。卷首图附《江北运程并有漕诸省图》和《江北运程河湖闸坝全图》。《江北运河总略》主要说明各卷所记述的运河河段起止及里程，江北运道历经顺天、直隶、山东、江南 45 州县，共 2 927.4 里水程。《江北运程纲汇》为全书之纲要，用简洁的文字分卷介绍了各河段的城镇村庄、闸坝、河流湖泊等。正文部分，每卷前先列此卷提纲，简要说明该卷所记载运河河段的行政机构、仓储、桥梁、闸坝等。然后以运河为纲，自京师起，分卷记述运河沿岸的城镇、村庄、闸坝、分支河流和湖泊等，并详标里程。该书大量抄录了《大清一统志》《北河续纪》《行水金鉴》等有关运河的文献，涉及正史、方志、文集、档案、文书、奏稿和诗词歌赋等，在大量征引运河有关文献的过程中，间或有作者的议论。作者的意图在广收，该书资料丰富，是一部资料汇编性的著作。

左宗棠

70 高龄兴修南京水利

左宗棠（1812—1885年），字季高，又字朴存，湖南湘阴人，举人出身。清同治元年（1862年），左宗棠初任浙江巡抚，后升闽浙总督；同治五年（1866年），调任陕甘总督；光绪元年（1875年），督办新疆军务；光绪七年（1881年），任军机大臣，九月，改任两江总督；光绪十一年（1885年），左宗棠病逝于福州。

左宗棠任两江总督后，最看重的事情之一就是兴修水利，他在奏章中说："江南要政，以水利为急"，"诚以民为邦本，食为民天，水利兴而旱潦有备，民得所养"。左宗棠认为兴修水利，可以安定地方，保证兵源，加强海防，同时有利于发展经济，增强国力，这样才能与世界列强竞争。

左宗棠到南京就职时，已是近70岁的高龄，且抱多病之身，却不辞辛劳，忙于水利政务。通过实地勘测，认真调查研究，他制定了多项水利计划与方案，并督率军民对江南水利展开了大规模的整治。首先动工的是句容赤山湖工程，该湖位于南京上方，由于水利失修，每年夏季山洪暴发，南京各县均遭其害。光绪八年（1882年），左宗棠亲自勘察

左宗棠像

筹划，调湘、淮军三十营，限期完成。该项工程历时一年多，疏浚水道十公里，建南京通济门大闸，整个工程挖土五十余万立方米，到光绪九年（1883年）四月完成。完工之日，左宗棠照例以其认真精神，亲至工地勘验。他同时指示，沿着圩埂移植桑秧，既护圩堤，又利于农桑。

赤山湖工程完工后，左宗棠随即将人马调往江浦，开辟朱家山河分洪，消除滁河对今南京六合和浦口地区的危害。滁河是从安徽滁州流入南京浦口、六合地区的一条河流，由于水流汹涌，河道依山环绕，每遇雨水则泛滥四出，淹没滁州、来安、全椒、江浦、六合圩田数十万顷。对此，左宗棠采取裁弯取直，"劈开"滁河中段流经的朱家山，让滁河的一支直接从浦口入江。朱家山工程是清乾隆、嘉庆时期"屡论兴修"都未能完成的工程，难度主要在于要在朱家山中段凿开深达二十余丈的坚实的石脊，并在下游开凿一条新河，由于岩石的底部坚硬如铁，因此施工难度巨大。左宗棠得知后，赶到朱家山河工地视察，并调来亲信部将王德榜的部队。这支部队曾在西北和北京郊区经营水利工程多年，具有开山治水的丰富经验和先进的技术装备，他们用火药炸山开河，这在当时是一种很先进的技术。经过近两年的艰苦施工，朱家山河工程胜利完成，滁河的水害基本得以根除。

对流经南京城的秦淮河，左宗棠也曾亲自乘船勘测，下令在秦淮河入江去路各关键所在地建起多座石闸，控制流量，导引清流。对南京、镇江一带濒江的圩堤沟道，他也一一整修。在大兴水利的同时，左宗棠还率领军民，在南京城内的大片荒地上，清理丈量，种植桑树、柏树、松树、杉树等数百万株，为防止水土流失、绿化南京，做出了贡献。

殷自芳

晚清苏北水利专家

殷自芳（约1824—1900年），字芷南，晚号淮南老人，清代淮安河下人。殷自芳出生于没落的盐商家庭，道光二十七年（1847年），23岁的殷自芳考中秀才，咸丰年间为增贡生，任"候选训导"，但并未到职，后经人举荐到河道衙门堤工局任职。在此后的几十年中，他为苏北里下河地区的水利事业贡献了毕生精力。

殷自芳青年时，就以治理高邮清水潭缺口而受到百姓的爱戴和官府的器重。后来，他在高邮州供职时，又对车逻河、邵伯湖和高邮湖做了治理。咸丰年间，淮安旱情严重，老市河、涧河因失修淤塞，农田无法灌溉，致使粮食严重歉收。为了解除民生之苦，殷自芳于同治元年（1862年），与本县人杨绂来（字锡章）等人两次赴都察院吁请，拟在乌沙河裕民闸旁重建石洞，改旧盐河为新市河，挑宽加深水下礼字坝，并于闸上开河一条，由新城护城河达下关，再于下关开一条河达古黄河，引水入旧市河。这一计划经工部核准后兴办，于同治三年（1864年）秋开工，次年春竣工。后他经人举荐到河道衙门堤工局任职，当时堤工局由殷自芳、马也良、刘可美、王亦明等人负责。从此两岸田亩顿变鱼米之乡，其中殷自芳一人功劳最大。

同治五年（1866年）夏，淮、扬大水，高邮清水潭决口三百八十余丈（约1 220米），致使里下河成为一片泽国。当时淮安名士裴荫森、丁显、殷自芳等纷纷提出治水方略，呈送南河堤工局，其中唯有殷自芳《导淮刍议》所提出的二十多条建议被采纳，并由他担任清水潭堵口指挥。由于措施得力，终于堵住决口。次年，殷自芳主持拆建车逻坝、南关坝（均在现高邮境内），修翻六安闸西堤三千余丈以及港口等处并东堤一千余丈，之后他又修筑高邮城北西堤一千余丈以及东西两岸要工。殷自芳十分关心家乡淮安的水利建设。清光绪三年（1877年），殷自芳提议由下关市河往东挑一"十字河"，以彻底解决楚州东乡农田排灌问题。工程完成后，上下百余里，扩大了水灌面积，免除了旱涝之患，故有"金黄荡"和"银蛇峰"之称。为感念殷自芳的治水功绩，淮东乡农民在黄荡村为他设龛立碑，年年祭祀。

  殷自芳一生倾尽心血，研究水利，不仅在治水实践上有颇多建树，在治水理论上也造诣颇深。他一生写下的水利专著文稿计有五十四篇，其中有治理大运河的《筹运事略》六篇，还有《治黄论》《清水潭竣工记》和《车逻十字河说》等，见解十分精辟，很有实施价值。新中国成立后，殷自芳的孙子殷逸尘将其《筹运事略》等十九篇遗稿进行整理，呈献给了国家水电部水利史研究室，成为该室珍贵的历史文献之一。

许鼎霖

江北名士治水

许鼎霖（1857—1915年），字九香，咸丰七年（1857年）生于赣榆青口镇二沟村，是清末民初活跃在我国政界、实业界的一位颇有盛名的江北名流。许鼎霖积极倡导教育，办实业，兴农垦，治水赈灾，成为当时颇有影响的封建官僚资本家，与南通的张謇合称为"南张北许"，再加上海州（今连云港）的沈云霈，他们被并称为清末民初的"江北三名士"。

赣榆朱稽河是新沭河的支流，在江苏省东北部，源出赣榆西部班庄镇祝其山，原名祝其河，后来逐渐讹称为"朱稽河"，全长37.5公里。朱稽河上游山高坡陡，沟河狭窄，屡疏屡淤。朱稽河下游的五道沟因上游泥沙壅拥而下，其入海处范家口，河床已经淤为平地，每遇大雨，水灾频发，民不聊生。光绪三十二年（1906年），上游洪水，加之海潮顶托，洪水四溢。赣榆乡绅许鼎霖当时正担任"江北导淮赈务"一职，于是建议疏浚"海属水利"。光绪三十三年（1907年）春，由许鼎霖募集赈灾款项，开工疏浚朱稽河下游五道沟，至当年夏季雨季到来之前完工。

根据现存于赣榆区宋庄镇范店村的《修浚赣邑河渠堤坝碑记》记载，

许鼎霖像

水利名贤

《修浚赣邑河渠堤坝碑记》

此次工程疏浚五道沟及下游闵家河共计 15 867.52 丈（约 52 891.7 米），清理土石约 91 000 立方米，修筑青口、王家楼、西大湾、小南门等处堤坝 108 丈（约 324.0 米）。此举使沿岸百姓不再有"夜恒相惊，人至不敢解衣"之忧。

七、民国时期

水利名贤

张　謇

中国近代水利事业先驱

张謇（1853—1926年），字季直，号啬庵，江苏南通人。他41岁以科举一甲一名"大魁天下"。张謇作为实业家、教育家为时人所熟知，其实他还是我国近代水利事业的先驱，在我国水利史上有着深远的影响。在张謇70岁生日时，荷兰驻华公使欧登科送来一副对联，称赞张謇"治水才长，功追大禹；匡时望重，寿比老彭"。

在中状元前，张謇在好友开封府尹孙云锦处做幕僚，当时正逢黄河决口，他参与了治黄赈灾工作。光绪二十年（1894年），张謇在殿试时，策问的题目恰恰是他刻苦钻研过的水利河渠问题，他凭借深厚的学识和实践经验，拔得头筹。民国时期，他在北洋政府担任农商总长兼全国水利局总裁的职务，主要致力于治淮工程。后来他辞职返乡，对保圩护乡的治理长江的工程又倾注了大量心血。张謇暮年从政坛归隐，正逢他的实业衰落，唯有水利事业仍萦绕在心，于是他将自己的余生专注于水利事业。民国十五年（1926年），张謇陪同水利工程师宋希尚来到长江边查看江堤，视察筑楗保圩工程时，不慎遭受风寒，后转为伤寒，不幸去世，终年74岁。

张謇后半生的主要精力在于"导淮"工作。在治理淮河的过程中，他聘请荷兰、美国、瑞典等国的水利专家商讨治淮事宜，又深入钻研我国历代水

张謇像

会中桥旧影

利名宦的治淮之道，还请引黄开渠能人王同春协助治淮。同时，他从实际出发，组织人力测量淮河、运河及沂河、沭河、泗河等河道，计算不同季节各河流的流量、流速。他组织人力测量制作的导淮图表多达1 238册，其中图25册计2 328幅。经过广收博采，权衡主次，在实测和计算的基础上，他提出导淮理论——"三分入海，七分入江"，即让大部分的淮河水经洪泽湖的三河流入长江，少部分的水沿黄河故道流入东海。

张謇的治水成就还体现在治江上，他的治江主张是"保坍护乡"和"治江三说"。其中，保坍护乡仅是对长江下游一小段江段的整治，光绪三十二年（1907年），张謇成立"南通保坍会"，自筹资金修筑丁坝，共筑堤坝6 000米。到民国十六年（1927年），南通共筑堤防工程约9公里，筑榫18座，加之沿岸险要地段抛石

通海垦牧公司组织的辟渠修堤现场

天生港大达码头

水利名贤

1915年河海工程专门学校成立

护滩，南通江岸日趋于稳定。张謇的"治江三说"是针对整个长江的治理而言的，具体为：一是治全江计应呈明政府，联合湘、鄂、赣、皖、苏五省水利人士，设立长江讨论委员会，以南京为会所，南京居下游，"治江当从下游始"；二是由湘、鄂、赣、皖四省遴选优秀知识青年四五十人进河海工程专门学校学习，培养水利专门人才；三是为江苏计，境内长江干流，宜做统一规划，分段治理。他在做长江治理的整体规划时提出，要顺应水性，从全局角度统筹治理，切不可"囿于局部利益而利己壑邻"。遗憾的是，由于时代的限制，他的治江规划实施的不多，只进行了一些水道的测量、水文测验等，但他的治江主张及相关实践经验，不仅在当时产生了积极的影响，也对后来长江的综合治理提供了重要启示。

张謇是我国传统水利向近代水利变革中的关键人物。他改变了我国传统社会人人皆可言治水的历史，将传统水利转变为通过专门水利管理机构和水利专家进行科学治水的近代水利。从张謇一生近四十年致力于水利工程的实践来看，他创办了南京河海工程专门学校（今河海大学前身）等多所学校，专门培养专业的水利人才；他还设立了北洋政府导淮局（后改为全国水利局）、扬子江水道讨论委员会（长江水利委员会的前身）、江浦测量局等多所水利机构，为中国近代水利事业的发展奠定了基础。

武同举

民国水利史专家

武同举（1871—1944年），字霞峰，别号两轩、一尘，海州（今江苏连云港）南城人，清光绪年间先后考中秀才、举人、拔贡，清末任海州直隶州通判，宣统元年（1909年）加入张相文创办的中国地理学会。他曾在江苏省第八师范和第六师范任教，民国时期，任《江苏水利协会杂志》主编、国民政府江苏水利署主任，兼河海工科大学水利史教授、江苏建设厅第二科科长，掌管全省水利事务，又任江北运河工程局秘书、中央大学讲师、建设厅第二科视察。

武同举像

年轻时的武同举亲睹家乡及苏北广大地区的连年水灾给人民带来的巨大苦难，于是立志献身水利事业，刻苦自学。在海州直隶州任通判期间，面对连年水患、民不聊生的现状，他主张以"水利事业拯救劳苦"。除攻读治水史志外，他还自学西方的《格致》《测量》等知识，自制测绘器材，先后实测了淮安、宝应、高邮、江都等地里运河的流量、涵洞、故河、闸坝等数据。民国二年（1913年），武同举与法国人、海河工程师克那纳一起进行海州港和海门（今江苏海门市）海口的勘察，后克那纳擅离职守，武同举则独自主持海上测量，借用淮海水师的巡防船和渔民的渔船继续进行测量，获得灌河口、燕尾港等处水深、潮差等数据，绘成图稿，最终整理成《测勘海州港口乡导记》。民国四年（1915年），他急于苏北水患的治理，日思夜想治水方案，作《吁兴苏北水利文》并附《水利图说》，呼吁政府当局兴修苏北水利。民国八年至十二年间（1919—1923年），《江苏水利协会杂志》发表了他的《导淮罪言》《淮水流域水道利病表》《江北运河为水道系统论》《淮水图表说明》《淮南水道历史与今日现势之比较》《导淮入江入海之研究》《淮北水道历史与今日现势之比较》《河海讲稿长江篇》《泗、沂、沭分治合治之研究》《沂沭偏重筹泄淮泗宜蓄泄兼筹论》等治水论著。民国九年（1920年），张謇在南京创办河海工程专科学校，聘武同举为国文教员。嗣后河海工程专科学校改名"河海工科大学"，武同举任教国文和水利史。在这期间，他开始编绘《淮系年表全编》一书的附图，其中包括淮河、黄河、中运河、里运河、沂沭河、废黄河、太湖及苏北海岸与盐垦区的各种水道图表。1928年，武同举受安徽通志馆的约请，编写出《安徽通志》的《水系》《水工》部分。同年，他辛苦经营三年的《淮系年表全编》出版。该书线装四册，包括三大部分：淮系历史总图14幅、淮系历史分图80幅、淮系现势测图47幅。1936年，在全国经济委员会水利处组织和水利学家郑肇经主持下，武同举与赵世暹编辑了《再续行水金鉴》，该书是中国古代水利名著《行水金鉴》《续行水金鉴》的再续书，全书约700万字，并由南京中央水利实验处出版。民国二十六年（1937年）抗日战争全面爆发，武同举全家避难扬州、宝应、东台等地。民国二十八年（1939年）武同举返回上海居住，专事《江苏通志·水工稿》的写作。民国二十九年（1940年），武同举历时十年发愤独力纂写完成《江苏水利全书》，该书原名《私纂江苏通卷·水工稿》，共7篇43卷，150万字，全书记载了夏朝至民国二十六年（1937年）上下四千年间的江苏水道、湖海变迁，堪称"华东水利资料之宝库"。民国三十三年（1944年）夏秋之际，武同举病逝于上海，遗憾的是，他的巨著《江苏水利全书》在他生前一直未能出版。

新中国成立后，他的儿子武可清等人把他的水利遗作无偿捐献给了南京水利实验处、连云港市博物馆和水利部治淮委员会等，同时，《江苏水利全书》等著作也被刊印出版。武同举一生致力于水利事业，水利著作颇丰，为后世提供了有关黄河、淮河、运河、长江水患和工程治理等方面大量翔实的历史资料，论述观点大多中允。

宋乃德

盐阜根据地建设"宋公堤"

宋乃德(1905—1967年),山西省沁源县人。民国十五年(1926年)3月,宋乃德加入中国共产党,同年参加革命工作。民国二十九年(1940年),宋乃德任八路军五纵队供给部长、随黄克诚部队东进南下,开辟苏北抗日根据地。不久,宋任阜宁县县长,任职期间,他为人民办了很多好事,其中尤为突出的是领导和组织人民修筑了长达九十华里的大海堤。

苏北的盐阜区沿海一带,由于经常发生大潮和海啸,因此常常决堤,严重威胁人民的生命财产安全。民国二十八年(1939年)夏,盐阜区沿海一带发生海啸,韩德勤旧政府趁机欺上瞒下,假借修筑海堤之名,从中横征暴敛。修筑海堤工程,预计挖土二十余万土方,需工银十九万元。他们只挖了不到五万土方,修了一条又矮又短的小堤,却虚报工银十一点二万余元。结果,海堤被大潮冲破,淹死数万人,沿海一带成了遍地盐碱的不毛之地。民国二十九年(1940年)底,阜宁县沿海群众纷纷要求重新修筑海堤。为保障人民的生命财产安全,阜宁县参议会于民国二十九年(1941年)2月在县长宋乃德的主持下,决定以盐税作抵,发行公债,修复海堤。

宋乃德认真组织了发行公债、筹粮筹草、动员民工等准备工作,使修堤工程很快上马。退居曹甸的国民党韩顽政府,配合敌伪,大肆发动谣言攻势,

宋乃德像

说新四军"想骗老百姓的一百万块钱","新四军征夫修坝,是一种欺骗,实际上借此抽壮丁",等等。宋乃德县长针锋相对,展开了强有力的思想政治工作,国民党的谣言攻势很快被粉碎。6月5日,经过二十多天的努力,北段海堤就全部胜利完工,"堤长27公里,底宽18公尺,顶宽2.5公尺,高3公尺,坡度2∶3"(《工程纪要》)。北堤修成后,不甘心失败的国民党和敌伪在谣言攻势破产后,就搞暗杀,以破坏南堤施工。他们于南堤开工的第四天,即6月23日,就制造了尖头洋惨案。工程处监工员、县粮食局科长陈景石惨遭伪装成八路军的土匪杀害。宋乃德及时发出《为尖头洋事告工人书》,义正词严地揭穿了敌人的政治阴谋,稳定了民工情绪,使南堤工程得以正常进行。在宋乃德的督促下,工程人员和民工万众一心,竭尽劳瘁,于7月31日,将南堤筑成,全堤终于竣工。1941年夏,沿海又发生了一起大潮汛,这次潮汛比民国二十八年(1939年)8月(夏历七月)的还高六寸,但这座雄伟的大海堤却巍然屹立,丝毫无损,有力地保护了人民的生命财产安全。盐阜区曾流传着这样一首民谣:"由南到北一条龙,不让成潮到阜东。从此无有冲家祸,每闻潮声想宋公。"这首民谣表达了盐阜区人民对阜宁县抗日民主政府首任县长宋乃德的感激之情,歌颂了他筑堤御海的丰功伟绩。为了表达对宋乃德县长的感激之情,广大群众为这座海堤起了一个名字,叫"宋公堤",将它与历史上的"范公堤"齐名,以传后世。

蔡克浑

困难之时集资修水利

蔡克浑（1857—1939年），字凤翱，江苏宿迁卓圩乡人，幼家贫，能刻苦自学，20岁考中贡生，任微善堂义学教师十余年。清末废科举，兴学堂，他首创进化乡第一国民小学，续办文昌阁第二高等小学，任校长达二十余年，朱瑞、马伦、蔡贡庭、马爱亭等宿迁早期革命者，均出自其门下。

民国初期，国家战乱四起，无力兴办水利工程。总六塘河承担排泄沂、泗洪水的重任，由于河道断面小而不足以排泄大量洪水，加上堤身低矮，故经常决口成灾，沿岸百姓苦不堪言。年近70的蔡克浑积极倡导由民间集资疏导河床，加固险堤，他苦口婆心地说服商家和富户捐资，说服群众有钱出钱，无钱出力，终于使项目得以进行。在集资、规划和施工中，他样样参加，并亲临工地，住工棚，自带干粮，与民工同甘共苦。经三个冬春，河工告成，沿河居民均受其益。他不为官不为名，一心为总六塘河沿岸人民安危，日夜操劳，深受人民爱戴。

李仪祉

参与创办河海大学

李仪祉（1882—1938年），名协，字宜之，后改为仪祉，陕西蒲城人，毕业于京师大学堂预科德文班，不久奉西潼铁路局派遣赴德国皇家工程大学土木工程科攻读铁路、水利专业。辛亥革命发生后，他毅然归国，参与河海工程专门学校（今河海大学前身）的筹建与创办，于民国四年（1915年）任该校教务主任和教授。李仪祉在河海工程专门学校任教达八年，培养了200多名我国现代水利科技的骨干专家，如著名水利专家宋希尚、沙玉清、汪胡桢等都出自他的门下。民国十一年（1922年）后，李仪祉历任陕西省水利局局长、华北水利委员会委员长、导淮委员会委员兼总工程师、全国救济水灾委员会委员兼总工程师、黄河水利委员会委员长、扬子江水利委员会顾问工程师等职。李仪祉倡导和修建了"关中八惠"和陕北定惠渠、织女渠以及陕南的汉惠渠、冷惠渠，扩大灌溉面积13万多公顷，使关中百万农田旱涝保收，造福万代。后因积劳成疾，李仪祉于民国二十七年（1938年）3月8日病逝于陕西西安，终年57岁。

李仪祉的水利功绩主要体现在治黄导淮、整治运河上，他被誉为一代"水圣"。

李仪祉像

民国十八年（1929年）7月，李仪祉在任导淮委员会工务处长兼总工程师后，积极搜集导淮资料，多次赴淮、沂、沭、泗诸水及独山、微山、洪泽、高宝等湖查勘，实地研究淮、运、沂、沭等各河利害，于民国十九年（1930年）5月，以工务处的名义，编制了导淮第一期技术报告。经导淮计划讨论会审议，工务处又根据会议决议，略加整理，后将其易名为《导淮工程计划》，于民国二十年（1931年）由国民政府正式公布。此外，他在调查研究和总结经验的基础上，撰写水利文稿二百余篇，其中重要的治黄论著有《黄河之根本治法商榷》《黄河治本的探讨》《治理黄河工作纲要》《黄河治本计划概要叙目》《治河略论》等。李仪祉倡议成立水利学术团体，并于民国十九年（1930年）首任中国水利工程学会会长。为传播水利科学技术，李仪祉倡办了《水利》《黄河水利》等月刊，整理出版古代水利典籍，团结水利人士，谋求水政统一。他除了主张成立各流域上、中、下游统一治河机构外，还强调各流域之间要协同工作，等等。

李仪祉曾试图以"水利救国"，直到临终前还吩咐说："未竟及尚未着手之水利工程，应竭尽人力财力，以求于短期内逐渐完成。"

彭雪枫

开展根据地水利建设

彭雪枫（1907—1944年），河南省镇平县人，民国十四年（1925年）加入中国共产主义青年团，翌年转入中国共产党，参加过二万五千里长征。抗日战争爆发后，他先后任八路军总参谋处处长、八路军第四纵队司令员、新四军第四师师长兼政委等职。彭雪枫治军严明，且与民众情同鱼水。

民国三十二年（1943年）8月28日淮河大水，泗洪县西南大柳巷地区有三个乡被淮河及窑河环绕，天降大雨，水势陡涨，苏台子处大堤突然过水，宽达九十余丈。洪水汹涌澎湃，刹那间大柳巷内三个乡即有沉浸之危险，数万人民生命财产危在旦夕。

彭雪枫师长闻讯，带领部队与当地人民一起投入截流抢险，他带头抱草抬泥，彻夜来往于泥水中，群众信心因之提高，军民全力以赴，终将决口堵闭。此后，彭雪枫与地方领导干部商量，必须将周围四十里长堤全部加高加宽，经过二十余昼夜奋战，大柳巷周围四十里大堤全部加固完毕，保护了圩内居民的生命财产安全。

民国三十三年（1944年）春，彭雪枫率部发动春季攻势，连克归仁、韩圩敌伪据点百余个，歼日伪军五千余人。9月11日，在河南省夏邑县八里庄战斗中，彭雪枫不幸中弹，壮烈殉国。毛泽东、朱德、刘少奇、彭德怀、陈毅等领导人，共同赠送挽联："二十年艰难事业，即将彻底完成，忍着功绩辉煌，英明永生，一世忠贞，是共产党人的好榜样；千万里江山破碎，还得从头收拾，孰料血花飞溅，为国牺牲，满腔悲愤，为中华民族悼英雄。"

新中国成立后，经当地群众要求，当时苏、皖边区民主政府决定，将彭雪枫领导抢险和加固的圩堤命名为"雪枫堤"，以示永远纪念彭雪枫将军。

特来克

献身南通水利事业的荷兰人

特来克(1890—1919年)，荷兰人，生于日本，他的父亲奈格是荷兰著名的水利工程师。特来克早年随其父亲到中国，相随左右，学习钻研，后回国就读于荷兰工程专科学校。毕业后，他因擅长河海工程继承父业。民国五年（1916年），特来克应张謇之聘，到南通任保坍会驻会工程师，负责保坍筑楗工程。

到南通后，特来克深入现场勘测和调查研究，先测长江涨落潮流向、流速，看水力之强弱，江岸坍塌之形势，并于同年4月25日写成《南通保坍计划报告书》。从6月14日开始，他亲自督导施工，以塘柴、芦苇为排，沉石筑楗，在迎流顶冲处，再增建护岸护坡。短短三年，他就建成了天生港至任港口十座水楗（即丁坝），收到了"分杀水势"的效果，该工程至今仍屹立江岸，发挥着护岸固滩的作用。在南通期间，特来克不仅督造沿江水楗，还为南通、如皋、海门等地水利工程和市政建设献力。西起如皋，东到黄海，都有他的足

特来克像

南通特来克铜像

水利名贤

南通水利会开幕时特来克与张謇等人合影
（前排左三为特来克，左四为张謇）

迹和完成的工程。张謇、张詧兄弟对他主持修建的水利工程如水闸等给予了命名。凡在南通城以东，东流入海的水闸取名为"东渐"；凡在南通城以西，西流入江的水闸取名为"西被"。据当时统计，冠以"东渐"的有四闸，冠以"西被"的有三闸四涵。此外，特来克还设计了合中闸（七门闸）、会英船闸（青龙港船闸）、龙王庙海堤挡浪墙等，有的工程至今仍起着重要的作用，如合中闸、东渐三闸、会英船闸、西被第一闸等，在抗洪排涝中仍发挥着巨大的作用；龙王庙海堤挡

特来克之墓

浪墙现存四百米，仍屹立于黄海之滨。这些水工瑰宝，遗留下来的精湛技术，在今日水工设计中仍时时可作借鉴。

特来克很重视中国古代的治水经验，他认为，治水"中国古自有法……治中国水，焉可不究中国古书"。他和宋希尚用两年时间，把明代潘季驯所著的《河防一览》译成英文，将中国数千年的治水经验介绍到国外。该书原稿现存于荷兰国家图书馆。民国七年（1918年）11月，特来克设计督造的遥望港九门闸开工，次年8月中旬闸底板浇筑完成，赶浇岸墙。他到工地检查工作，条件艰苦，宿食都在小轮船上。当时正值炎炎夏日，特来克不幸染上了霍乱，不得已连夜返回南通求治，不料在到达之前去世，终年29岁。民国十年（1921年）2月16日，特来克被安葬于风光秀丽的南通剑山南麓。张謇亲自为他撰写墓表，并镌石以作纪念。

水楗

郑肇经

我国近代水利事业的元老

郑肇经（1894—1989年），字权伯，江苏省泰州泰兴县城花园巷人，是辛亥革命以后对我国近代水利事业做出过开创性贡献的杰出人物之一。他从小受到良好的启蒙教育，宣统元年（1909年）考入张謇创办的通海五属中学（南通中学前身）为插班生。民国六年（1917年），郑肇经从德国人办的上海同济医工学堂工科德文科毕业，升入同济土木工程科，并于民国十年（1921年）毕业，获工学学士学位，后赴德国留学，期间获德国国试工程师称号。民国十三年（1924年）郑肇经回国，历任南京河海工科大学教授，上海市工务局技正、工程科长，全国经济委员会水利处处长，中央水工试验所所长，中央水利实验处处长。在兼任水工仪器制造厂董事长期间，他陆续试制了旋杯式流速仪、丙式水准仪及回声测深仪和经纬仪，创建了中国第一个水文研究所和水利文献编纂委员会。新中国成立后，郑肇经历任同济大学、华东水利学院、河海大学教授。

郑肇经像

郑肇经把水工实验技术植根于中国水利建设事业，是我国第一个现代水利科学试验研究机构中央水工试验所（后改称中央水利实验处）的创始人和领导者。民国十四年（1925年），他首办水力实验河槽于河海工科大学，传授水工实验技术。民国二十三年（1934年）2月，他创办北极阁水工试验室（又称临时水工试验室，即今东南大学水力学实验室原址），用于进行水利工程的试验与研究。该室于同年9月13日被命名为中央水工试验所，并于民国三十一年（1942年）1月1日起改名为中央水利实验处（今南京水利科学研究院前身），1950年易名为南京水利实验处。新中国成立以后，中央水利实验处改名为南京水利实验处，1956年其大部迁往北京，组建成立北京水利水电科学研究院，即现在的中国水利水电科学研究院。在这16年中，郑肇经连续担任了中央水工试验所筹备主任、所长、中央水利实验处处长。

郑肇经是国际知名的水利、市政工程专家和中国水利史研究的先驱者。早在20世纪20年代，他编写的《河工学》一书，就系统总结了我国古代的治河技术。在他主持全国经济委员会水利处及中央水利实验处后，曾先后整理出版了多种水利古籍，并主持编写了《再续行水金鉴》《中国水利图书提要》《中国河工辞源》《中国水道地形图索引》等水利史研究史料。民国二十八年（1939年），他的专著《中国水利史》由商务印书馆出版，国内外研究中国科学技术史的学者、专家都给予这本书很高的评价。民国二十三年（1934年），他创办现代化的中央水工试验所时，按照"古为今用"的原则，建立了水利文献研究室。除了从事黄河史的研究之外，他还长期从事淮河和苏北水利史的研究。党的十一届三中全会以后，他除积极从事《辞海》和《水利词典》中有关水利史条目的编纂外，他还亲自主持了《太湖水利技术史》的科研工作。1979年，郑肇经在《中国水利》上发表了《太湖出水路线的商榷》，提出太湖洪水的出路问题及整治方案。在他90高龄时，还亲自到淮安参加淮河水利史学术讨论会，并撰写关于淮河治理及苏北水利方面的学术论文。

郑肇经一生从未离开水利、水工教学与科研岗位，是我国第一所现代水利高等学府河海工科大学的首席水工教授和我国第一所综合大学中央大学水利系的创设者。他长期兼任中央大学、中央工业学院、英士大学等校的水工教师或客座教授，晚年仍带研究生。民国二十三年（1934年）后，他被聘为行政院水利委员会委员、全国水利委员会委员、水利部顾问，曾应交通部之聘担任扬子江水道整理委员会委员，应资源委员会之聘担任长江三峡水电技术委员会委员。

后 记

在江苏省水利厅副厅长张劲松指导下,江苏省水利信息中心组织了丛书的编纂工作。其中,《水利瑰宝》《水利名贤》分册由干有成、孙文昀执笔,《水与诗词》分册由陶珊执笔完成初稿。尉天骄、陶涛、蔡效凯、徐炳顺、王凯等专家分别审核相关分册,对丛书的内容、表述等进行了认真研读和把关。本书在编写中还参考了江苏省水文化遗产调查的初步成果及其他水文化专著。

作为全省首套水文化知识普及与解读读本,为提高可读性,丛书力求通俗易懂、深入浅出,在大量文献资料与考古调查报告的基础上进行了简化改写。首次出版选择了便于携带的小开本,并配以大量图表插画,使其不仅具有工具书的参考性,也具有通俗读物的可读性。此外,以全彩精美的装帧和排版给人以审美享受,让人在阅读的休闲活动中,潜移默化感受江苏水文化的独特韵味。

习近平总书记在中央城镇化工作会议上提出,要让城市乡村"看得见山,望得见水,留得住乡愁"。水是江苏的文脉,江苏的地域文化首先是水文化,江苏的乡愁记忆需要水文化的深入挖掘与持续建设。丛书凝聚了江苏水文化工作者、传承者的智慧与心血,希望读者朋友们能够喜欢这套书。通过阅读一个个水故事,对身边看似平凡的江河湖泊与水工程有新的认识,让治水先贤的理念与优美诗词的意象叠入对现代水利的观照中,共同珍惜我们的河湖,建设人水和谐美丽家园。

由于编写时间紧、涉及面广,本书不足之处在所难免。欢迎读者批评指正。

本书编委会
2018年4月